美しい話し方

誰からも
大切にされる人の

人生が輝く美言葉のルール

Elegancyist
マダム由美子

WAVE出版

まえがき

話しかたがあなたにかける魔法

話しかたを変えれば、あなたはもっと美しくなれる

私たちの生活の中で、言葉は欠かせないものです。

みなさんも、家族、友人、恋人、同僚などと、毎日たくさんの言葉を交わしながら、自分の気持ちを伝えたり、相手の気持ちを理解したりしているでしょう。

つまり、私たちは365日、言葉を発することでさまざまな人とコミュニケーションをとっているのです。それなのに、言葉の影響力に気づいていない人が意外と多いように私は感じています。

きれいにお化粧をして、素敵なお洋服を着て……、目に見える部分は大切にするのに、話しかたや言葉の響きというものをおろそかにしていませんか?

多くの人は自分の見た目という視覚情報ばかりにとらわれてしまい、自分の話し言葉が

どうなっているのかに無頓着のように感じます。

もちろん、見た目の印象も大切です。でも、生きている私たちは静止画ではありません。容姿のみの情報よりも、話しかたや表情、立ち居振る舞いといった音声や動きをともなった情報のほうが、人に与える印象は強く、心に残ると私は思うのです。

私たちの主な感覚機能は、視覚、聴覚、触覚、味覚、嗅覚という五感からなっています。言葉というのは、この中でも聴覚を刺激する大切な部分です。

話す言葉によって、その人の印象は大きく変わります。

ごくふつうの容姿であっても、話しはじめたとたん、「なんて美しい人だろう」と感じる人がいます。逆に、容姿はすばらしいのに、話しはじめたとたん、「あれあれ……」と残念な印象になってしまう人もいます。

つまり、**話しかたがあなたの「美しさ」の重要な要素になっている**といっても過言ではないと私は考えています。

言葉の選びかたで、あなたの印象が決まる

言葉のバリエーションが非常に多いのが、日本語の特徴です。同じことを伝えるのでも、いく通りもの表現があります。

たとえば、食べるという意味を伝えるのにも、「食べる」「食う」「食らう」「召し上がる」「お召しになる」「お食べになる」「食べられる」「食す」「いただく」「上がる」……など、さまざまな表現があります。

だからこそ、どんな言葉を選択するかが、あなたの個性になります。

「昼食にハンバーガーをいただきました」
「昼飯にハンバーガーを食った」

どちらも同じ意味の言葉ですが、相手が受ける印象は180度違います。

だからこそ、きれいな言葉を使えることがアドバンテージになると思うのです。

美しい話しかたを身につけることは、あなたの印象を大きくアップさせると同時に、**人生の大きな武器**になります。

美しい言葉がもたらす、5つの効果

私はこれまで2000人以上の女性に美しい立ち居振る舞い、話しかたを指導してきました。そして、ある考えかたに気づきました。

それは「美しい言葉づかい」には主に5つの効果があるという考えかたです。

1. 男性に選ばれる女性になる

私たちが考えている以上に、他人はあなたの話しかたや言葉づかいに敏感です。とくに男性が惹かれるのは、言葉のきれいな女性。男性に人気のあるタレント、アナウンサー、女優さんなどは、みなさん言葉づかいが美しいです。逆に、顔立ちは美しくても、だらしない言葉を使っているタレントさんは、男性の好みのタイプにはなりにくいと思うのです。

意中の男性の心をつかみ結婚をしたいと願っているなら、完璧なメイクやファッションよりも、美しい話しかたを身につけるほうが、何倍も効果があります。

2. 引き上げられる女性になる

社会に出ると、美しい言葉づかいができるかどうかが非常に重要視されます。あなた自身の教養や常識、そして人間性が求められるのが社会です。それらが如実にあらわれるのが、言葉づかいです。

きちんとした、美しい言葉が話せる女性は、それだけで**どこに出しても恥ずかしくない**という印象を与えます。結果、大切な取引先との打ち合わせに同席させてもらえたり、重要な仕事をまかせてもらえたりするようになります。実際に、敬語をきちんと使い、美しい話しかたをすることで、仕事の成功率は格段に上がります。仕事の幅が広がれば、人脈を広げる機会も増え、あなたの人生はより豊かなものになるでしょう。

とくに就職の面接では、美しい話しかたができるだけであなたの評価は大きくアップします。面接官はその会社で働くあなたをイメージしているのですから、採用される可能性は飛躍的に上がるでしょう。

3. まわりの人から大切にされる女性になる

言葉には、あなたの品性や人格があらわれるものです。ですから、美しい話しかたをしていると、いつのまにかまわりの人から**大切に扱われたり、敬《うやま》われるようになります。**逆に、いつも粗野《そや》な言葉を発していれば、人から見下され、軽んじられてしまうことにもなりかねません。そのくらい、言葉の持つ力は大きいのです。

4. 外見も美しい女性になる

実際に試してみるとわかりますが、美しい言葉を使うだけで、無意識のうちに所作も美しくなります。美しい言葉を使っていると、自分自身の言葉に影響されて、**自然と美しい振る舞いができる**ようになるのです。同じように、粗野な言葉を使えば、不思議と態度もだらしなく、品のないものになってしまいます。

立ち居振る舞いの美しさは、持って生まれた容姿以上に、あなたの外見の美しさにつながります。つまり、**美しい言葉が美しい女性をつくる**のです。私はこのことを、ひとりでも多くの人に伝えたいと思っています。

5. やさしく、おだやかな女性になる

美しい言葉を使うことで、**自然と気持ちがやさしく、おだやかになります。**体と同様、

自分が発する言葉に、自分の心が影響されるからです。もちろん、乱暴な言葉を使えば、心も荒《すさ》んでしまいます。

このように、美しい話しかたをするだけで、あなたはいまより美しくなり、あなたの人生はよい方向にシフトしていくはずです。

また、きちんとした言葉、美しい言葉が話せることが自信につながり、どんなときでも、どんな場所でも、堂々と振る舞えるようになります。

自分の人生は自分で切り開くもの。言葉の持つ力を知り、言葉をうまくコントロールできるようになると、コミュニケーション能力も飛躍的に上がります。

心の抵抗は自分を変えるための通過点

話しかたを変えようとすれば、最初はとまどうかもしれません。「気取っているようで照れくさい」「こんなのは自分じゃない」と感じて、つまずいてしまう人もいるでしょう。

でも、ぎこちなさや、違和感があるのは当然です。どうかそういった**心の抵抗を否定し**

ないでください。自分を変えようとしているのですから、そういった抵抗を感じることは大切な通過点。私のレッスンを受ける生徒さんたちも、みなさんそういったぎこちなさや違和感を経験したうえで、日増しに美しく、素敵な女性に変わっていきます。その姿は、まるでさなぎから美しい蝶へと変身するようです。

また、言葉は伝染するものです。各地方に方言があるのも、周囲の人の言葉が移る証拠ですよね。もちろん、お友だち同士の会話など、フランクにしたいときもありますから、TPOにあわせた口調も大切です。

でも、あなたが美しい話しかたをしていれば、まわりの人も無意識に「いいな」と感じて、同じような言葉を使うようになります。そうやって美しい言葉が広まって、ひとりでも多くの人の心や感性が磨かれていったら、素敵ですね。

話しかたとコミュニケーションの3つのポイント

私が考える美しく魅力的な話しかたの基本ポイントは、次の3つです。

①美しい響きを心がけること
②ほほ笑みながら話すこと
③ボディランゲージを大切にすること

そして、自分も相手も幸せになれるコミュニケーションのポイントも、3つあります。

①相手のせいにしないこと、相手を責めないこと
②つねに相手に寄り添うようなイメージを持ち、相手を愛おしく思うこと
③相手と自分の間に調和（バランス）が生まれること

これらのことを主眼に、本書では話しかたや、コミュニケーションのメソッドをたくさん盛り込んでいます。

本書をお読みになって、もしもやってみたいと思われるメソッドがありましたら、**まずは3つくらいから、試してみてください。**その3つが自分の習慣になったら、またもう3つ……という具合に、少しずつでも、あなたの話しかたやコミュニケーション能力を磨く

ヒントになれば、とてもうれしく思います。

ふだん何気なく使っている言葉を、響きの美しい、品のよい言葉に変えるだけで、あなたの印象は洗練された、大人の女性へと変わります。そういった言葉を、私は**「美言葉《びことば》」**と呼んでいます。

本書の各章末に、美言葉レッスンのページを設けました。使用頻度が高く、実際に使える言葉ばかりを集めましたので、そちらもぜひ参考にしてくださいね。

美しい話しかたは、**いくつになっても色あせない、あなたの「生涯の美の財産」**になります。本書を読んで、あなたの美の財産をたくさん増やしていただければ、私はとても幸せに思います。

２０１４年４月

マダム由美子

誰からも大切にされる人の美しい話し方　もくじ

第2章

ほほ笑む

第3章 伝える

第4章 つながる

第5章 愛される

ブックデザイン 原てるみ、坂本真理（ミルデザインスタジオ）
本文DTP ＮＯＡＨ
校正 小倉優子
企画協力 久保田知子（コミュニケーションデザイン）
編集協力 山崎潤子

第1章

話す

美しい言葉を選べば、美しい人になる

いつもあなたは、どんな言葉を使って会話していますか?

あなたの口から発する言葉は、できるだけ美しいもの、ていねいなもの、響きのよいものを選びましょう。

なぜなら、**あなたの発する言葉を、あなたの脳が聞いている**からです。

あなたが発する言葉は、相手に聞こえると同時に、自分の耳にも聞こえています。日頃から品のない言葉、だらしない言葉、粗野な言葉を使っていると、脳や細胞の一つひとつがその言葉を受け止めてしまうと私は感じています。

そうすると、あなたの脳はあなたのことを「品がなく、だらしなく、粗野な人間だ」と勘違いしてしまうかもしれません。

美しくない言葉を使うことは、日々自分自身を冒瀆《ぼうとく》していることになると私は思うのです。そうすると、いつのまにか心がぎすぎすして、荒んでしまうこともあるでしょう。

次の**A**と**B**をくらべてみてください。

A「昨日マジでやばいことがあってさぁー」
B「昨日はちょっとしたトラブルがあったの」

Aと**B**では、どちらが美しい響きに聞こえるでしょうか？

自分の脳に響かせたい言葉は、どちらでしょうか？

もちろん、**B**ですよね。同じことを表現するなら、少しでも美しい響きの言葉を自分の脳に聞かせてあげましょう。

そうすると、あなたの脳は自然とあなたのことを「洗練された、気品のある、大人の女性として価値のある人間だ」と認識するようになるでしょう。そうすれば、自然と振る舞いや考えかたも洗練されて、確実に美しい人になっていくと思うのです。

日々どんな言葉を発して生きているかは、とても大切なことです。美しい言葉を使うことで、あなたの心や感性はかならず磨かれます。

とっさのときにふだんの言葉が出る

言葉づかいを注意しなければならない場面には、どんなものがあるでしょうか？

就職の面接、婚約者のご両親にお会いするとき、お見合いの席、取引先との重要な打ち合わせ……。

「私は大丈夫。いつもはカジュアルな話しかただけれど、いざというときにはきちんと使いわけできるから」

こんなふうに豪語する人もいますが、本当にそうでしょうか？

美言葉は一日にしてならず、です。

いくら外見を取りつくろっても、とっさのときにこそ、ふだん使っている言葉が口をついて出てしまうものなのです。

私の友人が就職の面接官を務めたときのエピソードです。

面接にやってきたある男性は、経歴も申し分なく、受け答えや振る舞いも（途中までは）まったく問題なかったそう。でも、彼が途中で職務経歴書を忘れてしまったことに気づいたとき、「やべっ、忘れちゃった……」というふだんの言葉が出てしまったのです。友人はその男性のふだんの生活態度をかいま見てしまったように感じてしまい、一緒に仕事をしたいとは思えなくなってしまったそうです。職務経歴書を忘れたというミスではなく、とっさに出たその言葉によって、面接は残念な結果に終わってしまったそうです。

面接などの大切な場面でさえ、思いがけない質問をされたり、あせって理性より感情が前に出てしまったりすると、ふだんの言葉が出てしまうのです。

きちんとした言葉づかいをしたい場面で、「やばい」「やっぱー」「〜だしぃ」「ていうか」「マジで」といった言葉が出てしまったら、あなたの印象は大幅にイメージダウンしてしまいます。**言葉づかいひとつで、いつものあなたが見抜かれてしまう**のです。

そして恐ろしいことに、本人はそのことに気づいていない場合が多いのです。前述の面接の男性も、自分がどんな理由で不採用になったのか、わからないままでしょう。

たとえば上司と食事に行き、リラックスしすぎて「激うまですねー」「これやばいくらい超おいしいですね！」などと口にしてしまったらどうでしょう。上司はあなたを「大切な取引先には会わせたくない部下」と認識するでしょう。

一度口から出てしまった言葉は、取り消すことができません。面接などの大事な場面であれば、たったひとことで、人生まで変えてしまうことになります。

逆をいえば、どんなときにもきれいな言葉が使えることは、さまざまな場面で大きなアドバンテージになるはずです。ふだんからきれいな言葉づかいを心がけるだけで、自信を持って大事な場面に臨むことができます。

ふだん自分がどんな言葉を使っているかを意識し、聞き苦しい言葉を使わないように心がけるだけでも、あなたの言葉はどんどん美しく磨かれていくでしょう。

大事な日の前には「美言葉ごっこ」でトレーニング

ふだんから体を動かしておかないと、なまってしまいますよね。とくにあまり動かしていない部位は、いざというときに機敏な動きができず、鈍い動作になってしまいます。言葉も同じで、**ふだん使っていない言葉は、とっさには使えない**のです。無理に使おうとしても、ぎこちないものになってしまいます。

本来は、常日頃から美しい言葉を使ってほしいのですが、「明日面接がある」「明日彼のご両親に会う」という人がいるかもしれません。

人は直前まで使っていた言葉が体に残っているもの。ですから、大切な日の前の日だけでも、友人や家族に協力してもらい、「敬語ごっこ」や「美言葉ごっこ」につきあってもらいましょう。

話すときはすべて敬語で、「これ、召し上がってね」「買い物に行って参ります」「わたくし……」などの口調で話してみるのです。少しオーバーなくらいに、できるかぎりていねいで、きれいな言葉を使って話すようにしましょう。語尾を伸ばしたり、「やばい」「すごい」「マジで」といった言葉を使ってしまったりしたら減点です。

たった一日リセットするだけでもずいぶん違ってきますから、時間のない人にはおすすめの方法です。

ぜい肉言葉は美人度を下げる

あなたの言葉には、よけいなぜい肉がついていませんか？
ぜい肉言葉とは、次のようなものです。

あっ、あのー、えー、えーっと、ちょっと、なんかー、～とか、けっこう、わりと、
まあ、だって、～でさぁ、～みたいな、ていうか、でもー、だからー

言葉に勢いをつけたり、次に話すことを考えているときのつなぎとして、これらの言葉をつい使ってしまうという人が多いようです。
たとえば、次のような会話です。

「なんか朝食とかのときには、けっこうコーヒーとか飲んだりとかしてます」

「あっ、すみません。あのーちょっと伺いますが、えーっと、駅ってどっちですか？」
「でもさー、なんかちょっといい天気だったからー、まあ買い物とか行こうと思って」

文章にすると、とても無駄の多い会話だと思いませんか？　おまけにいいたいことが定まらず、要点がよくわかりません。きちんと話すことに慣れていない印象が残り、残念ながら、少し頭の回転が鈍いように感じられてしまいがちです。お世辞にも美言葉とはいえません。

では、これらの会話から、ぜい肉言葉を取りのぞいてみたらどうでしょうか？

「朝食のときは、コーヒーを飲むことが多いです」
「すみません。駅の方角をお伺いしたいのですが……」
「いい天気なので、買い物に行こうかと思っています」

ぜい肉がとれて、すっきりしましたよね。さらに、知的で上品な女性が話しているようなイメージがしませんか？

相手にとって、ぜい肉言葉は不協和音、雑音でしかありません。ぜい肉言葉をつけることで、「美言葉」が微妙な「微言葉」になってしまいます。

しかも、ぜい肉言葉を多用すると、**大事なことが伝わりにくくなります。**演説やスピーチでも、「えー」「あー」「そのー」を頻発する人がいますが、話している内容がすばらしくても、聴衆には伝わりにくくなってしまいます。

自分ではなかなか気づきにくいかもしれませんが、これらのぜい肉言葉が癖になってしまっている人は多いもの。ぜい肉言葉をすぐにゼロにするのはむずかしいかもしれませんが、できるだけ少なくするだけでも、あなたの会話はよりスマートに、素敵なものになるはずです。

言葉は簡潔に、相手に伝わりやすくまとめる。それは**相手への思いやり**でもあります。

自分の口癖になっているぜい肉言葉をリストアップして、家族や友人に指摘してもらうのもよいでしょう。

人間は楽器のようなもの

地球上の生物のなかで、言葉を話すという能力を持っているのは、私たち人間だけです。私たちは、言葉でコミュニケーションできる唯一の種族です。

人間以外の動物も発する音で意思表示をしますが、複雑な音の響きを使いわけ、さまざまな音を組み合わせ、言葉にして相手に伝えるのは人間だけです。

そう考えると、話すという能力は神様から与えられた尊い贈り物のようにも思えます。

せっかく天からいただいた能力なのですから、慈《いつく》しんで美しく使いたいものですよね。

私は、言葉は音楽だと考えています。

ですから、私たちは言葉という響きを奏《かな》でる一種の楽器のようなものです。

美しいメロディを奏でるのか、それとも、雑音や不協和音を生み出してしまうのか……。それはあなた次第です。

もちろん、もって生まれた声質の違いはあります。でも、声はある程度変えられます。みなさんも、いつのまにかさまざまな声を使いわけているはずです。電話に出るとき、イライラしているとき、好きな人と話すとき……など、シチュエーションによって、声が変わりますよね。

息の強さ、声帯の閉じ具合、のどの開き具合、口の開き具合、舌の位置などで、私たちはさまざまな声を使いわけることができるのです。こうして考えると、やはり私たちは、楽器のようです。

声が奏でる歌は音楽です。ならば、あなたが発する言葉も、音楽だと考えましょう。

そう考えてみると、毎日どんなメロディを奏でようかと、ワクワクした気持ちになりませんか？

今日から自分のことを楽器だと思って、素敵なメロディを奏でられるよう、意識してみてください。

ヴァイオリン、チェロ、ピアノ、クラリネット、ハープなど、好きな楽器で自分が響かせたい音をイメージしてみるのもよいですね。女性の美しく澄んだ声のことを、鈴の音《ね》のような声という表現もあります。

誰しも、心地よい音楽を聞くと心が洗われるような気持ちになります。だからこそ、幼少から音楽の時間には少しでも美しい声を出そうと練習したはずです。カラオケで上手に歌おうと、練習したりもしますよね。なのに、毎日発している言葉については、無頓着な人が多いように私は感じます。

言葉も楽器や歌と同じです。**ちょっとした工夫で、あなたの声をいまより魅力的に奏でることが可能なのです。**

次項からは、あなたが毎日話す言葉をより美しく響かせるためのコツをご紹介します。

ゆっくり話すだけで、説得力が増す

怒っているときや興奮しているとき、また、話に夢中になっているときなど、あなたはどんなふうに話していますか？

つい、早口になってしまうという人が多いのではないでしょうか？

多くの人が怒りや興奮を感じたときに早口になるという傾向があります。早口で話すだけで、相手は急《せ》き立てられたり、責められたりという不快感を覚える可能性が増します。

しかも、早口で話すと、相手は言葉が聞きとりにくくなります。さらに、相手に考える間を与えることができません。ですから、早口で話せば話すほど、相手はあなたの言葉を理解しにくくなってしまうのです。

また、早口の人は思いついたことをすぐさま言葉にする傾向があるため、いい間違いや失言も多くなります。ゆっくり話す癖をつけると、頭の中で話を整理し、ていねいな言葉に置き換えることができるので、いい間違いや失言が激減します。

さらに、早口な人は、それだけで「おっちょこちょい」「忙《せわ》しない」「ミスをしそう」といった印象を持たれやすくなりますが、ゆっくり話す人は**「知的」「品がある」「信用できる」**といった印象を持たれやすくなります。

ていねいに、ゆっくりと話すことで、多くを語らなくても言葉に重みが出ますし、自分の気持ちが相手に伝わりやすくなります。また、相手に安心感を与えることもできます。

スピーチや講演で話すとき、最適とされているのは、1分間に300字程度だそうです。原稿用紙1枚分にも満たないくらいですね。250字でやや遅め、400字でやや早口に感じられるそうです。

さて、みなさんはどのくらいのスピードで話していますか？　早口気味の人は「こんなにゆっくり話して大丈夫かな？」と感じるくらいがちょうどいいのです。

つい早口になってしまうという人に私がおすすめしているのが、**「書くように話す」**ということ。実際に文字を書くスピードで話したら遅すぎてしまいますが、頭の中で文字を書くようなイメージで話すと、一語一語をはっきりと、ていねいに話すことができるようになります。ぜひ、試してみてくださいね。

語尾にけじめをつけるだけで知的に聞こえる

美しい言葉で話すためには、語尾を伸ばさないこと。これがとても大切です。

日本語は、平坦な発音の言語です。ですから、語尾を伸ばす発音をしていると、よけいに平坦に聞こえ、幼い、頭のよくない印象を相手に与えてしまうおそれがあります。

たとえば、あなたは次のような語尾を伸ばす言葉が癖になっていませんか？

「あのさぁー」「それでぇー」「○○だしぃー」「○○だよぉー」「○○ですぅー」

このように、語尾を伸ばすいい回しをする人物像を頭の中で思い浮かべてみてください。だらしなく、軽薄な感じがしませんか？

では、語尾を止める次のような話しかたに変えたらどうでしょうか？

「あのね」「それでね」「○○なので」「○○なのよ」「○○です」

語尾を変えるだけで、上品で、知的な女性が頭に浮かびませんか？

いくらきちんとした言葉でも、**語尾を伸ばしただけで１８０度印象が変わってしまいます。**たとえば、「おはようございます」を、「おはようございますぅー」、「ありがとうございます」を「ありがとうございますぅー」としたら、せっかくの美言葉が台なしになってしまうのです。

語尾を伸ばしてしまう癖のある人が、語尾を伸ばさないよう心がけるだけで、まったく別人のような大人の女性の話しかたに聞こえます。みなさんも、今日からぜひ、語尾に注意しながら話すよう心がけてみてくださいね。

言葉の幕引きが会話の印象を決める

前項の「語尾を伸ばす癖」がなくなったら、さらにステップアップ。**言葉の幕引き**を意識して話すようにしましょう。言葉の幕引きとは、つまり語尾のことです。語尾はかならず、ふんわり、やさしく終えるようにしましょう。

私は、**語尾によって会話の美しさのかなりの部分が決まる**と考えています。美しい響きで話すためには、語尾が本当に大切です。

会話の主役は、主語、述語、目的語です。これらが花びんに活けた花だとすれば、語尾はレースの敷物のようなもの。主役にさりげなく添えるようなイメージです。あくまでも主役は花ですが、**レースの敷物によって、花の美しさが引き立つ**のです。語尾はあくまでも引き立て役。ですから、決して伸ばしたり、強く発音しないようにします。

実際にやってみましょう。次の言葉を口に出してみてください。

「こんにちは。ご機嫌いかがですか？」

まず大切なのは、**言葉を発したあと、口をきちんと閉じること。**

口を閉じるなんて当たり前のことのように聞こえるかもしれませんが、案外できていない人が多いもの。とくに語尾を伸ばす話しかたをすると、言葉を発したあと、口が開きっぱなしになってしまいがちです。

「こんにちは《強》ぁーご機嫌いかがですか《強》ぁー？」とすると、自然に口が閉じられませんよね。

「こんにちは《弱》。（閉じる）ご機嫌いかがですか《弱》？（閉じる）」というふうに、語尾は弱めに発音し、言葉を発したあとはかならずきちんと口を閉じるようにしましょう。

口を閉じるときは、くちびるをスッと中心に集めてしまうようなイメージで。そうすると、自然に語尾がふんわりとやわらかくまとまるような話しかたができるようになります。余韻を残しながら静かに波が引いていくように、言葉の幕を引きましょう。

そして、閉じた口は、口角を上げて、左右対称になるよう心がけましょう。絶対にゆがませないことが大切です。これだけでも、とても上品な口元に見えます。

聞きとりやすい声は母音がカギ

言葉を発することのいちばんの目的は、相手に伝えることです。

でも、聞きとりにくい言葉を発していたら、相手はあなたと話しているだけで大きなストレスを感じてしまいます。

逆をいえば、聞きとりやすい言葉を話すだけで、相手はあなたに好印象を抱き、同時にあなたの話により興味を持ってくれるようになります。

日本語の場合、聞きとりやすい声で話すために大切なのが、**母音をはっきり話すこと。**

よい発音の決め手となるのは、母音です。

「あ」「い」「う」「え」「お」。

これらの母音を意識し、はっきりと発音するだけで、あなたの言葉は何倍も相手に伝わりやすくなります。

母音をはっきり話さないと、聞き間違いが増えます。「ありがとう」が「お見事」に、「売上げ」が「おみやげ」に聞こえてしまったりするのは、母音の発音があいまいになっているから。よく聞き間違いをされるという人は、母音をはっきり発音できていない可能性があります。

母音をはっきりと話すためには、きちんと口を動かして話すことがとても大切です。自宅などで、少しオーバーなくらいに口を動かして話す練習をしてみましょう。

口を縦に開くと、魅力的な声が出せるようになる

言葉を発するときは、できるだけ口を縦に開くようにしましょう。

声楽やボイストレーニングなどでは、口を縦に開いて発声するのが基本。口を縦に開くことでのども開くため、声の通りがよくなり、**立体的な深みのある声**を出せるようになります。

簡単なようで意外にむずかしいので、これも、自宅で練習してみましょう。下あごをきちんと動かすようにして、口を縦に開き、発声練習をします。

発声練習をするとき、同時に意識してほしいのが、「口角を意識してよく動かすこと」と、

「くちびるを左右対称に動かすこと」。話しながら美しい口元をつくるためは、これがとても大切です。

美しい山を描くように話す

美しい響きに大切なのが、イントネーション（抑揚）です。

会話のイントネーションは、なだらかな山を描くようにすると、相手が心地よく感じられる響きになります。

具体的には、**言葉を発するとき、はじめから大きな音を出さない**こと。

やわらかく、軽い発音で話しはじめ、なだらかな裾野から山頂に向かうように、2、3文字目くらいから大きくしていくようにします（いきなり大きな音を出すと、相手を驚かせてしまいます）。

言葉の途中はなだらかな山の稜線を描くように上って下がり、心地よい音楽のような抑揚をつけます。極端に音を上げ下げしないよう心がけましょう。

そして、美しい歌や音楽がフェイドアウトして終わるように、語尾はふんわり、やさしくまとめます。

このことを意識するだけでも、あなたの話しかたは別人のように変わるはずです。

これと真逆なのが、鋭角のギザギザな山を描くような話しかた。けたたましく、キャンキャンと話すようなイメージです。

こういった話しかたをすると、相手はそれだけで不快に感じますし、ケンカ腰で話しかけられているかのようにも感じてしまいます。同じことを話しているのに、イントネーションが違うだけでケンカが増えてしまいそうです。

たとえば、次の言葉を、あなたはどんなイントネーションで話しますか？

「そういえば例の件、どうなっているの？」

なだらかな山を描くように話せば、相手は素直に答えてくれるでしょう。でも、ギザギザの山を描くように話すと、相手は責められているような、疑われているような気分になって、心をパタンと閉じてしまいます。

とくに、「どうなっているの？」の語尾である「の？」の部分をやわらかく発音するのと、強く発音するのとではまったく印象が違います。

同じ言葉でも、イントネーションによって、**相手が受け止める言葉の意味が変わってしまう**のです。

イントネーションは一朝一夕ではなかなか変えることができないかもしれませんが、訓練によってかならず身につけることができるようになります。

まずは自分の言葉の響きがどんな山を描いているか、意識することが大切です。つねになだらかな山をイメージして会話をすれば、あなたの言葉は自然と美しい響きになり、相手の反応も変わってくるはずです。

音階でまとめると、美しい響きの声になる

「自分の声をより美しく響かせるためにはどうしたらよいか」

私はバレエや声楽を勉強していたこともあり、小さな頃からこのことを意識しながら過ごしていました。

何も意識せず話すのと、きれいな音楽を奏でようと心がけて話すのとでは、まったく違った響きになります。

自分の声を美しく響かせるために大切なのが、**一定の音域の中で言葉をまとめる**こと。

たとえば、女性は興奮したり、はしゃいだりすると、キャーキャーといった高い声を出してしまうことがありますよね。いわゆる「黄色い声」といわれるようなものです。あれがほかの人の耳には、不協和音に聞こえてしまうのです。

同様に、ふだんの話し言葉でも、あまりにも抑揚をつけすぎてしまうと、相手は不快に感じてしまいます。とくに女性特有のかん高い声、キンキン声が耳に突き刺さるようで苦

手だという人は、思った以上に多いものです。そうなると、話の内容にかかわらず、会話が不快な雑音にしか聞こえなくなってしまうこともあるのです。

もちろん、スピーチなどでは、言葉にある程度抑揚をつけるべきでしょう。あまりに平坦な棒読みだと相手に伝わりませんし、聞き手も退屈に感じてしまうからです。ただ、ふだんの会話で抑揚をつけすぎると、逆にうるさく感じられ、内容もわかりにくくなってしまいます。

相手の耳に心地よく響く音にするためには、**「ド・レ・ミ・ファ・ソ・ラ・シ・ド」という一定音階の中で話すことがポイント。**そうすると、話がまとまりのある音になり、聞きとりやすく、品のよい、心地よい声に聞こえます。相手も、心が落ち着くような音楽を聞いている気分になります。

高い声、低い声など、声質によって1オクターブ上がったり下がったりしたとしても、ある程度まとまった音階の中で話すことで、聞きやすい声になります。

音階についてよくわからないという人も多いかと思いますが、「わーっ！」「あーっ！」「えーっ！」「きゃーっ！」といった極端な音を出さない、語尾を伸ばさないといったことを心がけるだけで、自然と音階がまとまり、声自体の印象が変わってきます。

声は訓練によって、ある程度変えることが可能です。

私はよく、「素敵な声ですね」とほめていただくことがあります。でも、決して最初から現在のような声だったわけではありません。いかに自分の声を美しく響かせられるかをつねに考え、長い間この一定音階をたどっていく練習をしているうちに、ほめていただけるような声が出せるようになりました。

自分の声をいかに美しく響かせるかということに心を傾けることで、自分らしい、素敵な音を奏でられるようになります。

自分の声は自分がいちばん知らないもの

自分の声が相手にどんなふうに聞こえているのか、気になりませんか？

よく「自分の声が嫌い……」「私は変な声だから……」という人がいます。

でも、それは単に聞き慣れていないだけ。自分の声を録音して聞いてみると、「いつもの私じゃないみたい」という違和感があります。他人に聞こえている自分の声は、自分に聞こえている自分の声とは違うように感じるからです。そのため、「私は変な声だ」と思い込む人が多いのも当然なのです。

録音された自分の声に違和感を覚えて、「私の声って変でしょう？」と誰かに聞いたことのある人も多いでしょう。相手は「そんなことないよ」と答えたはずです。

自分がいつもどんな声で、どんな話しかたをしているかを知るために、**自分の声を録音してみることをおすすめします。**友人や家族に協力してもらい、了承を得てから、自分がおしゃべりをしている様子を録音してみましょう。ボイスレコーダーを使ってもよいですし、スマートフォンなどについている録音機能を利用すると手軽です。

最初のうちは「自分の声を聞くのは恥ずかしい」と感じるかもしれません。でも、あなたはいつもその声、その話しかたでたくさんの人に接しているのです。**自分の声をいちばん知らないのは、実は自分自身なのです。**自分の声や話しかたの癖を知っておくことは、とても大切なことです。

「私はいつもこんな声で話しているんだ」と自分の声の特徴を客観的に分析したり、「早口だし語尾が伸びている」「笑い声に品がないかも」など、気になるところをチェックしたりしてみましょう。

自分の声や話しかたについて、話している最中はなかなか客観的に分析することができないかもしれません。でも、録音して聞いてみることで、さまざまな気づきがあると思います。第三者的視点を持つことで、ここを直そう、この口癖はやめようなど、自分の話しかたを意識し、工夫することができるのです。

私は若い頃、博覧会のコンパニオンを務め、主にナレーションを担当していました。ナレーション原稿を暗記するのは当然ですが、どうしたらわかりやすく、心地よい声でお客さまにお伝えできるのかと、録音した自分の声を聞きながら何度も何度も練習しました。自分で自分のナレーションを聞きながら、聞きづらいところ、アクセント、スピードなどを少しずつ直していきました。

そして、あるときお客さまに「あなたの声は響きがとてもきれいね。まるで音楽を聴いているみたいよ」と話しかけていただき、とてもうれしく感じたのを覚えています。

仕事上お客さまとの打ち合わせが多い人、商品説明などをする機会がある人は、ぜひ、自分の声を録音して聞いてみてください。自分の話しかたの長所・短所を知って改善すれば、相手の反応が変わり、仕事もさらにうまくいくようになると思います。

発声練習でなめらかに話せるようになる

ではここで、発声練習をしてみましょう。

ここまでにお伝えしたように、母音をはっきりと、口をしっかり動かしながら、口を縦に開くように発声しましょう。一節ごとにきちんと口を閉じることも忘れずに。姿勢をよくして、胸を張ってデコルテを開くようにすると、声をしっかりと出せるようになります。

あえいうえおあお　おあおえういえあ　かけきくけこかこ　こかこけくきけか
させしすせそさそ　そさそせすしせさ　たてちつてとたと　とたとてつちてた
なねにぬねのなの　のなのねぬにねな　はへひふへほはほ　ほはほへふひへは
まめみむめもまも　もまもめむみめま　やえいゆえよやよ　よやよえゆいえや
られりるれろらろ　ろらろれるりれら　わえいうえをわを　をわをえういえわ

慣れないうちはゆっくりで大丈夫です。慣れてきたら、だんだん速くしていきましょう。実際に発声してみると、自分に得意な発音と不得意な発音があることがわかると思います。サ行、ハ行、ラ行、ワ行が苦手だという人が多いようです。

いいにくい行があったら、その行を重点的に練習しましょう。録音して、きちんと発音できていない音、聞きとりにくい音を客観的に分析してみるのもおすすめです。

できれば一日一回、この発声練習を続けてください。滑舌がよくなって、聞きとりやすい声が出せるようになるはずです。同時に、なめらかな話しかたができるようになります。

面接やプレゼンテーションの前の晩などは重点的に、繰り返し練習してみてください。

話すことに苦手意識がある人、人前で緊張しやすい人にも効果的なレッスンです。

美言葉Lesson1

日常語編

ここでは、日常でよく使う言葉を集めました。いつも使っている言葉も、ほんの少しいい回しを変えるだけで、美言葉に変わります。

うん	→はい
すみません	→ありがとう、申しわけありません
どうもー	→ありがとうございます、こんにちは
うまい、うまー	→おいしい
まずい、まずー	→苦手、あまり好みではない
腹減った	→お腹が空いた
すごく、すごい	→とても、すばらしい
なんで？	→なぜ？　どうして？
～なんで	→なので
あるんです	→あります
～なんです	→～です
～じゃないですか？	→～ですね
よろしかったでしょうか？	→よろしいでしょうか？
～とかー	→～など
～みたいなー	→～のような
けっこう	→かなり
ちょっとー（呼びかけ）	→ねえ、○○さん
でもさー	→でもね
だよねー	→そうよね
～だしー	→～だけれど

第2章

ほほ笑む

ひとことも話さなくても、多くのことが相手に伝わる

相手に何かを伝えるとき、言葉以上に大切なのが、〝体〟です。

つまり、ボディランゲージ（非言語コミュニケーション）のことです。

動物も羽を伸ばしたり腕を広げたり、毛を逆立てたりして、自分を大きく見せるボディランゲージをしていますよね。それと同じように、みなさんも、毎日さまざまなボディランゲージをおこなっているはずです。

手を振って相手に気づいてもらったり、手招きをしたり、首を振って否定の意を示したり、うなずいて同意したり、指をさして指示したり……。

話すときにも、多少なりとも身振り手振りをしながら話しませんか？　また、ときには握手やハグで親密さを表現することもあるでしょう。

そう。ボディランゲージは、実に多くのことを相手に伝えることができます。

極端な話、ただ立ったり座ったりしているだけでも、私たちは体を使って非常に多くの

ことを発信しています。**あなたのたたずまいが、言葉を発しているようなものなのです。**

たとえば、顔を下に向けたり、背中を丸めたり、前かがみになったりすれば、自信のなさ、拒絶、悲しみ、落胆といった印象を相手に与えます。頭を抱えたり、ほおづえをついたりすれば、不安や心配をあらわします。顔を上にあげたり、足を組んだり、腕を組んだり、手を腰にあてたりすれば、尊大や不遜という印象になります。

姿勢を正し、胸を開き、視線をまっすぐにすれば、自信やオープンマインドといったプラスのイメージを相手に与えることができます。

もちろん、表情も同様です。笑顔でいれば機嫌がいい、への字口なら機嫌が悪い、眉間にしわを寄せていたら、不安や心配ごとがあるのだということを発信しているようなものなのです。

細かなジェスチャーは国や文化によって意味が異なることもありますが、これらはほぼ普遍的で、万国共通のものではないでしょうか?

心と体はつながっています。**心の状態が、あなたの体や態度にあらわれます。**

このように、たとえひとことも話さなくても、あなたの体や表情は、つねに多くのことを語っているのです。

話の内容よりも、態度のほうが大切なこともある

たとえば就職の面接で、ただ座っているだけでも、面接官は多くのことをあなたから感じ取ります。

面接の場で下を向いて、猫背になっていたら、どんなに話の内容がすばらしくても、採用される可能性はかなりダウンしてしまうでしょう。

逆に、姿勢をよくして、相手の目を見ながら笑顔で受け答えすることができれば、それだけで相手はあなたに好印象を抱くはずです。

ときには、**どんなことを話すかよりも、どんな態度をとっているかのほうが大切**なのです。たとえ同じことを述べたとしても、胸を張って堂々と話すのと、猫背で下を向いて話すのとでは、まったく違う印象を相手に与えます。

相手に自分の気持ちを伝えるためには、ボディランゲージが不可欠です。

直立不動の姿勢で話をするのと、身振り手振りを交えながら話をするのとでは、相手に与える印象が大きく変わります。

直立不動の姿勢で話をすると、話の内容も無味乾燥な印象になってしまいます。また、その姿勢から緊張や頑《かたく》なさといったイメージを相手に与え、その緊張や頑なさが相手にも伝染し、その場の雰囲気が固いものになってしまうのです。

たとえば、手を軽く胸に添えるだけで、心を込めて話している印象になります。ものの大きさを話すときにも、「このくらい」というジェスチャーをくわえることで、相手に伝わりやすくなります。

ボディランゲージは、話にメリハリをつけ、感情表現や説得力を高めることができるのです。

たとえ話すのが苦手でも、自分らしいボディランゲージを身につけると、**相手に真心が伝わりやすくなります。**

ただし、貧乏ゆすりをする、髪をさわるなど、相手に不快感を与えるボディランゲージもあります。自分では気づかない癖になっている場合もあるので、気をつけましょう。

〝ふり〟を続けるうちに本物になる

私がボディランゲージの重要性を学んだのは、バレエからです。

バレエは言葉のない演劇、そして、バレリーナは言葉をもたない女優です。悲しみ、怒り、よろこび、驚き、憂い、躍動感……。いっさい言葉を発さずに、自らの身体を使ってすべてを表現するのが、バレエなのです。

私自身、言葉数が多いほうではありません。でも、一つひとつの言葉をきちんと相手に届けられるよう、自分の体の動きや表情に、言葉を乗せるようなイメージで会話するように心がけています。するとありがたいことに、たくさんの方々から会話が印象に残るといっていただけます。

ボディランゲージを語るうえで、非常に大切なことがあります。

相手があなたのボディランゲージに影響を受けるように、**あなた自身も自分のボディラ**

ンゲージに影響を受けている、ということです。

よく、「立場が人をつくる」といいますよね。それまで頼りなかった人が、役職を与えられ、部下や後輩をもったとたん、頼もしい責任感あふれる人物に成長する、といったケースのことです。

それと同じように、美しい姿勢をとることで、自分に自信がもてるようになり、言葉も自然と美しいものになります。だらしない姿勢をとっていれば、だんだん自信がなくなり、言葉も語尾を伸ばしただらしないものになってしまうのです。猫背で下を向いていれば、自然とコミュニケーションが億劫《おっくう》だと感じるようになるのです。

実際、私もバレエで悲しみを表現しているときには、本当に切なく悲しい気持ちになりますし、よろこびを表現しているときには、心の底からうれしさが沸き上がってきます。

つまり、自分のボディランゲージに、自分の精神状態が大きく影響を受けるというわけです。

心と体はつながっていますから、なんとなく元気が出ないときでも、姿勢をよくして笑顔をつくってみると、自然と楽しい気持ちになってきます。猫背で一日下を向いて過ごせば、心も下向きになりがちです。

たとえ〝ふり〟でも、続けていくうちに、それが本物になります。美しい姿勢で美しい言葉を話していれば、かならず自然と美しい人になれるのです。

心の状態が体に影響するように、姿勢や言葉も、心に影響します。

このことを忘れずに、毎日できるだけ美しい姿勢と笑顔で過ごすことを心がけてみましょう。それだけで、あなたの人生が、少しずつよりよい方向に転じていくはずです。

初対面でも自然に打ち解けるコツ

誰にでも簡単にできるボディランゲージがあります。

それは、**デコルテ（胸元）を相手に向ける**こと。

会話をするときは、デコルテがどこを向いているかがとても大切です。

たとえば、顔を相手のほうに向けて話しても、デコルテが違うほうを向いていると、「心を閉じている」という印象になっています。

笑顔と一緒にデコルテも相手に向けると、相手は「この人は自分に心を開いてくれている」と感じて、心の距離を縮めることができます。デコルテを向けることで、「自分のことを気にかけてくれている」「自分に関心を持ってくれている」という印象を相手に与えるのです。

中世ヨーロッパの貴婦人たちは、デコルテで社交をしていました。舞踏会などではデコルテを開き、相手に向けることで、「コミュニケーションをとりましょう」というメッセージを伝えたのです。

このように、会話をするときは顔だけでなく、かならずデコルテを一緒に相手のほうへ向けるようにしてみましょう。

コツは、首をひねって相手に顔を向けるのではなく、ウエストをひねって相手のほうを向くようにすること。そうすれば、自然とデコルテと顔が同じ方向を向くようになります。

同時に、姿勢をよくして、デコルテを開くようにすることも忘れないでください。

デコルテを開くには、背中の肩甲骨を少しだけ中心に寄せるようにするのがポイントです。猫背で丸まった背中は、デコルテが閉じている状態です。デコルテを閉じて方向をそらせば、あなたとは話したくないという拒絶のメッセージを伝えているようなものです。

とくに初対面というのは、まだ相手と打ち解けていない状態です。そんなとき、デコルテを向けて話をすることで、相手の心に潜在的に働きかけ、心の距離を縮めることができるのです。そうすることで、会話がはずんだり、相手に好意をもってもらえたりなど、よりよいコミュニケーションが生まれやすくなります。

会話をするときは、**デコルテ＋あなたの素敵な笑顔**を相手に向けることを忘れないでくださいね。

笑顔は一日にしてならず

あなたはいつも、どんな表情をしていますか？

たとえば駅のホームで電車を待っているとき、椅子に座って本を読んでいるときなど、少し気を抜いた状態のあなたの表情は、どんなものでしょうか?

「誰も見ていない」と油断をしているときこそ、素の表情が出てしまうもの。どんなときでも、口角の下がった不機嫌そうな顔ではなく、口角を上げて軽くほほ笑む感じの表情ができていれば、素敵ですよね。

いつもにこにことほほ笑んでいる人は、それだけでとても魅力的に見えます。まわりの人からも、かならず好印象を抱かれているはずです。

むすっと不機嫌そうな表情の人と、いつもにこにこ笑顔の人、どちらに話しかけたいかは決まっていますよね。

笑顔は最高のボディランゲージなのです。

とはいえ、「笑顔で話すようにしましょう」「いつも笑顔を忘れずに」というのは、口でいうのは簡単ですが、案外むずかしいもの。黙っているときならともかく、笑顔で話すのは意外にハードルが高いのです。自分では笑っているつもりでも笑っているように見えなかったり、ぎこちない笑顔になっていたり……。

笑顔にも、エクササイズが必要です。心は表情にあらわれますが、表情自体は顔の筋肉でつくられるものです。あなたの笑顔をより魅力的なものにするためには、表情筋を鍛えることが必要なのです。

顔の筋肉も体の筋肉と一緒で、放っておくと衰えてしまいます。「何を考えているかわからない」「いつも怒っているように見える」などといわれたことがある人は、顔の筋肉が衰えているのか、堅くなっているのかもしれません。

顔の筋肉が衰えれば、表情が乏しくなり、せっかくの笑顔もぎこちないものになります。筋肉が衰えれば重力に従うしかありませんから、どんどん口角も下がってきます。頬のお肉もたるんだお腹のように垂れ下がってきます。

とくにスマートフォンや携帯電話、パソコンなどを操作しているときは、顔が下向きになっている状態。顔の筋肉がますます下がりやすくなってしまっています。

笑顔が魅力的な人は、笑顔のための筋肉が鍛えられているのです。

体の筋力トレーニングだけでなく、ぜひ、笑顔のための顔の筋力トレーニングも忘れずにおこなってください。

笑顔をつくるエクササイズ

もともと笑うというのは、表情をくずすことでもあります。でも、私たちの目にはそれがとても魅力的に映るのです。だからこそ、いまよりもっと素敵な笑顔をつくるエクササイズをしてみませんか？

魅力的な笑顔は、口角が上がっていることがポイントです。

もともとの顔立ちで、口角が上がっている人、下がっている人はいます。でも、顔は年輪を刻むようにだんだんつくられていくもの。日頃から笑顔で口角を上げる習慣をつけておけば、顔の筋肉が鍛えられて、自然と口角がきゅっと上がった表情になります。

ここで、口角の上がった魅力的な笑顔をつくるためのポイントをご紹介します。

いつもあなたのいちばんきれいな笑顔を見せられるよう、鏡の前で練習してみましょう。

最高の笑顔のつくりかた ポイント1

笑顔をつくるときは、上の歯の先端を下くちびるに軽く触れさせ、上の歯を少し見せるようにして思いきり口角を引き上げましょう。このとき、頬も一緒に引き上げるくらいのつもりで、顔全体を引き上げます。魅力的な笑顔のポイントは、実は頬の筋肉なのです。笑うときは頬の筋肉も一緒に動いていないと、楽しそうに見えません。

最高の笑顔のつくりかた ポイント2

口の形は、頂角を下に向けた二等辺三角形になるようにします。歪《ゆが》みのない左右対称の形です。笑顔だけでなく、話をするときにも口の形が左右均等になるよう心がけましょう。

さらにとっておきの笑顔エクササイズを2つご紹介します。

魅力的な笑顔のためには、口元だけでなく、頬の筋肉を意識することが大切です。目尻のななめ下あたりから、口角に向かって伸びている大頬骨筋《だいきょうこつきん》は、口角を引き上げ、笑顔をつくる筋肉といわれています。この大頬骨筋を引き上げて鍛えることで、ぶれない笑顔のラインをつくることができます。

笑顔エクササイズ1

①人差し指と親指で円をつくり、頬骨のあたりのお肉を持ち上げます。頬で「たこ焼き」

をつくるようなイメージです。

②そうすると自然と口角が上がりますから、そのままくちびるに力を入れて笑顔をつくります。

笑顔エクササイズ2

①黒目の中心から下ろした縦線と、小鼻の脇から引いた横線が交わるところ。ここに「笑顔のツボ」と呼ばれるツボがあります。このツボを指で上に押し上げます。

②エクササイズ1と同じように口角が上がりますから、そのままくちびるに力を入れて笑顔をつくります。

この2つのエクササイズで、大頬骨筋を鍛えながら、口角の上がった美しい笑顔を顔の筋肉に覚え込ませることができるのです。ほうれい線を目立たなくする効果もありますから、ぜひお風呂やお休み前の習慣にしてくださいね。

私は20年以上、毎日お風呂でこのエクササイズを実践しています。このエクササイズをしながら鏡を見て、言葉を発してみるのもよいでしょう。

話しかたであなたの10年後の顔が変わる

魅力的な表情をつくるために大切なのが、口元です。

そして、美しい口元を育てるために大切なのが、話しかたです。


言葉を発するとき、私たちは絶えず口元の筋肉を動かしています。ですから、毎日どんなふうに口を動かしているかによって、口元や顔つきが変わってしまうのです。

美しい口元を保つために避けたいのが、語尾を伸ばす話しかた。

「でさぁー」「だよねぇー」「そうなんだぁー」など、語尾を伸ばすと、下くちびるが横に広がって、ゆがみやすくなります。いい終えたあと、口が開きっぱなしになることも多くなります。

毎日そのような話しかたをしていたら、どうなるでしょうか？

いつのまにか、口がその形を覚えてしまうのです。自分でも気づかないうちに、だんだんと口角が下がって、口元がゆがんで、だらしない口元になっていきます。そして、だんだん顔全体もゆがみがちになります。

もともと整った顔立ちの人でも、長年語尾を伸ばすような話しかたをしていると、品のない顔つきに変わってしまうことがあります。対して、いつもきれいな話しかたをしている人は、年齢を重ねるごとにきれいになっていくような気がします。**話しかたの違いが、10年後、20年後の口元や表情にあらわれてくるのです。**

美しい話しかたや表情は、相手によい印象を与えるだけでなく、将来、あなたが美しくあるためにも、とても大切なことです。

テレビのニュース番組で、女性アナウンサーの口元を観察してみてください。彼女たちは正しい発音で美しい言葉を話す訓練をしていますから、自然と口元が美しく整っています。女性アナウンサーの口元の動きをお手本にしてみるのもおすすめです。

毎日の積み重ねが、未来のあなたをつくります。

日頃から、きれいな発音で、わかりやすく、美しい言葉を話すことで、いつのまにか口元が整って、素敵な笑顔ができるようになります。そして、**いつもにこにこ、ほほ笑んで**

いるだけで、日々あなたは美しくなっていくのです。

美しい言葉は美しい口元をつくり、そして顔の筋肉や首筋などにも美しさが伝染していきます。

第1章で紹介した、話しかたのポイントを心がけるだけでも、品のある、美しい口元になっていくはずです。

顔が見えなくても、笑顔は伝わる

以前私が香りにまつわる仕事をしていた頃、ＮＴＴの音声情報サービスで、香りに関する情報のナレーションを担当していたことがありました。当時私は、少しでも心地よい音声をお届けしたいと思い、自分の声を何度も聞きながら、検証しました。

そして、あることに気づきました。音声のみのテレホンサービスなのに、ふつうの表情で話した場合と、笑顔で話した場合とをくらべてみると、笑顔で話したほうが聞いていて心地よく感じるのです。声がキラキラと輝いて聞こえるのです。

表情には気持ちがあらわれるものですが、声にも表情があらわれるのだなと、そのときわかりました。

それからは、電話などでも、かならず笑顔で応対することを心がけています。**相手に顔は見えなくても、声に表情があらわれるのです。**

声と表情はつながっています。笑いながら怒った声にはなりませんし、むすっとした表情で笑い声は出せませんよね。

電話は顔が見えないからこそ、声にあらわれる表情を大切にしましょう。

仕事でお客さまと電話でお話しする機会が多い人は、つねに笑顔を心がけましょう。もしもクレームの電話を受けたときは、言葉だけでなく、表情でも「申しわけありませんでした」と謝りましょう。

顔は見えなくても、あなたの表情は声によって相手に伝わっています。

何気ない会話をおもしろくする魔法

せっかく話をするなら、「おもしろい話をしたい」「相手を楽しませたい」「相手を笑わせたい」ですよね。

そんなときは、まず笑顔をおすすめします。

にこにこしながら話すと、何気ない話でも、不思議と明るく、楽しい話に聞こえます。同じ話をしても、無表情で淡々と話すと、楽しく感じません。

無表情で話すと、話の盛り上がり、展開が伝わりませんし、相手の心に響きません。相手も話のどこに共感してよいかわからなくなるので、相づちを打ちにくいのです。

話を魅力的に、いきいきとさせるには、表情豊かに話すことがポイントです。

うれしい出来事は満面の笑顔で、驚いた出来事は目を見開いて、悲しい出来事には眉を寄せて……と、少しオーバーなくらいに表情をつけると、あなたの話はいきいきと輝きはじめます。

会話は、言葉だけでするものではありません。**相手の視覚に入るあなたの表情やしぐさ**

なども、会話の一部なのです。

また、表情は伝染します。脳にあるミラーニューロンという細胞によって、私たちは無意識に相手と同じ表情をしてしまうそうです。ですから、あなたが悲しそうな顔をすれば相手も悲しそうな顔をし、あなたが無表情でいれば相手も無表情になるのでしょう。

そして、あなたが笑顔で話せば、相手も笑顔になります。そうすれば、会話の中で自然と笑いが生まれます。そしてあなたは、話していて楽しい人という印象になります。

まずは笑顔で話すこと。それがあなたの話をおもしろく、魅力的なものにするためのカギです。

美しい人の笑いかた

楽しいこと、愉快なことがあったら、誰だって笑います。

笑うことはすばらしいコミュニケーションです。笑うだけでその場の雰囲気がパッと明るくなりますし、その場にいる人たちの心が楽しく、華やいだものになります。できることなら、毎日笑って過ごしたいもの。そして、せっかくですから、素敵な笑いかたをしたいものです。

素敵な笑いかたをするためには、次の2つのポイントを意識しましょう。

1. 笑いながら話さない

多くの人がついやってしまうのが、話し言葉と笑い声が一緒になること。

実はこれ、本人はとても楽しそうなのですが、何を話しているのかわからないことが多いのです。

「あっはっはっはー△※○@ā□◎……」「それって△※○@☒□あはははは……」というように、笑いながら話そうとしたり、会話の途中で笑いはじめたりすると、言葉が非常に不明瞭になってしまいます。

笑うときというのは、楽しいし、興奮しているので、つい笑いながら続けて話してしまいがちです。でも、言葉を相手にきちんと伝えることが優先事項です。笑いながら話すことで、肝心の言葉が相手に伝わらなくなってしまいます。

せっかくの楽しい雰囲気も、相手が何をいっているのかわからないと、興冷めになってしまうでしょう。それに、笑いながら話すのは、あまり品がよくありませんよね。会話を音楽だと考えるなら、笑い声と話し声を混ぜてしまうことで、不協和音を生み出してしまうのです。

そして、笑いながら話すと、呼吸が早くなって早口になってしまいます。楽しくておかしくて、興奮している状態ですから、つい早口になって、よけい言葉が聞きとりにくくなってしまいます。

笑うときは笑う、話すときは話すというように、**話し言葉と笑い声との間に、ひと呼吸置く**ようにしましょう。

「ふふふ……。（ひと呼吸）あのときは本当におもしろかったわね」というように、話し言葉と笑い声をつなげず、区別して発します。たったこれだけでも、とても品のよい話しかたになります。

笑うときは気分が高揚していることが多いですから、笑いながら話すことが癖になっている人は、直すのが意外にむずかしいもの。でも、「笑いながら話さないようにしよう」と意識するだけでも、少しずつ変わっていくはずです。

2 「ふふふ」で笑う

みなさんは、いつもどんなふうに笑いますか？

「ははは」「ひひひ」「ふふふ」「へへへ」「ほほほ」……というように、笑い声というのは、なぜかハ行です。

なぜなら、笑うということは、息を吐くことだからです。

ハ行のhは無声声門摩擦音《むせいせいもんまさつおん》といって、息を吐くときに出る音なのです。ですから自然と、ハ行で笑うようになります。

「ははは」であっても、「ひひひ」であっても、なんらかの音を出すことに違いありません。

ならば、できるだけ美しい音色で笑いたいですよね。

ハ行の音の中でも、**「ふふふ」で笑うようにすると、やわらかく上品な響きになります。**

みなさんも実際に、「ふふふ」で笑ってみてください。

口の形はどうなっているでしょうか？　くちびるがきれいにまとまって、口角が上がります。

「ふふふ」なら、表情も大きくくずれることがありませんから、目上の方の前でも失礼になりません。多くの人は「ははは」で笑うことが多いと思いますが、どうしても大きな口を開けることになってしまいます。

ときには「ははは」と大きく笑うのもよいですが、できるだけ「ふふふ」で笑う癖をつけておくと、エレガントな大人の女性に一歩近づきます。

自分の出す音で心が伝わる

言葉だけでなく、自分の出す音すべてが、自分の奏でる音色なのだと考えてみましょう。

たとえば、咳やくしゃみ、ため息、鼻歌、咳払い……なども、あなたが出す音です。

咳やくしゃみが出るのはしかたのないことですが、正面を向いたまま大きな音でいきなりくしゃみをしたら、まわりの人を驚かせ、不快にさせてしまいます。他人にとって聞き苦しい音は、できるだけ小さくするよう意識しましょう。

咳やくしゃみも、少しななめ下を向いて、手（間に合えばハンカチ）を添えるようにすれば、音をかなり抑えることができます。さらに声帯を少し閉じ気味にすれば、音が小さくなるようある程度コントロールできます。正面を向いたまま、自然にまかせてでは、スピーカー状態で音をまき散らしてしまうことになるのです。

自然のままに大きな音を立てるくしゃみと、ななめ下を向いて音を軽減させるくしゃみ、「思慮深い人だな」と思われるのは、後者のくしゃみですよね。

また、機嫌が悪くて荷物を投げるようにドスン！と置いたり、イライラして机をトントンと叩いたり……、というようなことはありませんか？

こういった音も、一種のコミュニケーションなのです。その人の出す音は、その人の言葉のようなもの。鼻歌、ため息、舌打ちなど、まわりの人はあなたの出す音をあなたの意思表示だととらえています。言葉でなくとも、**あなたが出す音はすべてあなたの心を伝えるもの**だと覚えておきましょう。

会社で書類をバン！とデスクに置けば機嫌が悪いのかと思われますし、フンフンと鼻歌を歌えば何かよいことがあったのかなと思われます。

また、階段をドタドタと上ったり、ドアをバタンと閉めたり、食器をガチャンと置いたりすれば、粗野でがさつなイメージを相手に与えてしまいます。あなたの印象を下げてしまうような音を出すのは、できるだけ控えるようにしましょう。

音は境界線なく相手の耳に飛び込んでしまうものですから、自分の出す音がまわりを不快にしていることもあります。ため息ばかりついていたら、まわりの人の心が沈んでしまうかもしれません。むやみに大きな音を出せば、相手は威嚇されているように感じ、精神的なダメージを負ってしまうこともあるでしょう。

自分がどんな音を出しているのか、日々意識してみましょう。他人が不快に思うような音を出さないようにするだけでも、あなたの印象はおだやかな、やさしいものに変わっていきます。

ドアをそっと閉める、食器をテーブルに音を立てないように置く、廊下を静かに歩く……など、大きな音を立てないようにするだけで、振る舞いも自然とエレガントになるものです。

視線は嘘をつけない

ボディランゲージで大切なのが、視線の動きです。

視線をどう向けるかによって、あなたの印象は大きく変わります。

たとえば誰かと向かい合ったとき、相手がどこを見ているかわかりますよね。自分の目を見ていたり、口元を見ていたり、ヘアスタイルを見ていたり、後ろの窓の外を見ていたり……。

このように、**視線は嘘をつけない**のです。相手もあなたの顔を見ただけで、あなたがどこを見ているかがわかるのです。

それなのに、**自分の視線に無頓着な人は意外に多いもの**。「目は口ほどにものをいう」ということわざのとおり、目つきにはあなたの気持ちがあらわれてしまいます。

アイコンタクトや目配せという言葉がありますが、視線である程度意思の疎通ができるほど、私たちは相手の目の動きを察知することができます。

相手との会話中にやってはいけないことが、2つあります。

ひとつめは、下を向くこと。

視線が下を向いているだけで、自信のない、消極的な印象を相手に与えてしまいます。

それに、視線が下を向いている、または顔が下向きになっているだけで、相手は「話しかけづらい」と感じてしまいます。

視線を下に向けたり、自分の顔を下に向けるということは、コミュニケーションを拒否しているという意思表示だととらえられてしまいます。「この人と話してみたい」と感じさせる人は、かならず視線や顔が上を向いています。

ふたつめは、キョロキョロと忙しなく視線を動かすこと。

視線を忙しなく動かす人のイメージは、どんなものでしょうか？　落ち着きがない、自信がない、信用できないといった印象を相手に与えてしまうと思いませんか？

相手と向き合うときは、笑顔で相手の目をしっかり見て、オープンな印象を与えることが大切です。間違っても、キョロキョロと視線を泳がせたり、視線をそらしたままにするのはやめましょう。

視線はしっかり定めて、ゆっくり動かすこと。視線をゆっくり動かすだけで、上品でエレガントな女性という印象を相手に与えることができます。自分の心も落ち着きますし、まわりの状況をしっかり確かめることもできます。

ただし、中にはじっと見つめられたり、相手と視線を合わせたりするのが苦手という人もいます。そんなときは、ときおり視線を外してあげると、相手の心に余裕が生まれて話しやすくなります。

視線を外すときは、気持ちななめ上か下くらいに向けます。視線を真下に外すと、ネガティブなことを考えているというイメージを相手に与えてしまいます。

相手の目を見て話すことも大切ですが、ときにはあえて視線を外すことも、大切なコミュニケーションです。

視線だけであなたは美しく見える

人からジロジロ見られると、値踏みされているようで気持ちのよいものではありませんよね。でも、ジロジロ見ている本人は、意外に気づいていないことが多いのです。

電車内などの公共の場で、人のことをじっと見つめたり、ジロジロ見たりすることは、失礼にあたります。場合によっては、目が合っただけでケンカがはじまり、刃傷沙汰《にんじょうざた》にまで発展してしまうこともあります。

電車内などで手持ちぶさたになると、つい視線を動かしてしまいがち。でも、視線だけを動かすと、落ち着きがなく、品のない感じに見えてしまうのです。

眼球は、白目と黒目というくっきりした色合いで構成されていますから、目だけをキョロキョロ動かすと、とても目立ちます。

そんなときは、**鼻の先と視線を同じほうに向けるようにすると、ジロジロ見ている印象になりません。**

たとえば右の方向を見るときにも、鼻先をゆっくり右に向けながら視線を右に動かすと、のぞき込むような感じに見えません。目は顔の一部と考えて一緒に動かすようにすると、視線を動かしても相手に不快に思われずにすみます。視線を鼻の先に向けることで、やや伏し目がちの状態になりますから、それだけでもエレガントに見えますよ。

では、視線と鼻先を逆に向けるとどうでしょうか？　鼻先を下に、視線を上に向ければ、おねだりしているような表情に、鼻先を上に、視線を下に向ければ、相手を見下しているような表情になります。

このように、視線だけでさまざまな表現ができるのです。視線によって、美しく見せる表情づくりも十分可能です。ほほ笑みながら少しだけ視線を落としたり、ゆっくり視線を動かすだけで、落ち着いた大人の女性という印象になります。

視線はあなたの印象を決める大きな部分です。キョロキョロ、ジロジロ……、そしてパチパチと忙しないまばたきはご法度《はっと》です。自分がふだん、どんなふうに視線を動かしているか気をつけてみましょう。

親密になりたいときは角度が肝心

仲よくなりたいと思う人と食事をしたりお茶を飲む機会があったら、あなたはどの席に座りますか?

正面の席、ななめ前の席、隣の席……。

正解は、ななめ前や隣の席。正面の席はＮＧなのです。

実は、向き合うときの体の角度というのは、心理的に大きな影響があります。

真正面で向き合うと、お互いのエネルギーがまっすぐぶつかりあってしまいます。結果、お互いに威圧感を与えあったり、何か話さなければと窮屈に感じたりして、落ち着かない気持ちになります。

ですから、**より親密になりたい人とは真正面よりもななめ前や隣の席で向き合うのがおすすめ。**できればななめ45度の位置（L字型）で向き合うのがベストです。ななめごしになることで、お互いにやわらかさ、やさしさを感じられますし、圧迫感もなくなります。

会議などではお互いエネルギーをぶつけあうような激しさも必要かもしれませんが、親しげで、おだやかなコミュニケーションを取りたいときは、正面ではなく、ななめ前や隣の席に座るようにしましょう。

視覚的にも、真正面よりななめごしに見たほうが、表情がやわらかく見えます。また、真正面だと距離ができるので、混んでいるお店などでは大きな声で話さなければならず、それだけでもストレスです。とくにプライベートな話をするときは、真正面の席は控えたいものです。

そうなると、お店選びは味だけでなく座席も肝心。

四辺に席がある真四角のテーブル、角のソファ席、カウンター席のように、ななめ前や隣の席に座れるようなお店を選ぶとよいでしょう。4人席で隣に座るという手もあります。2人席で強制的に真正面に座らなければならないようなテーブルは、できるだけ避けましょう。

デートなどで映画やドライブに行くと親密度がアップするのも、隣の席に座るからなのだと私は感じます。また、友人と電車などで真横に座ると、なぜか話し込んでしまったりもしますよね。

自宅で夫婦で食事をするときも、正面ではなく、ななめ45度で向き合うのがおすすめ。もちろん私もそうしています。これは意外な夫婦円満の秘訣かもしれないと私は思っています。

立食パーティや懇親会などでは、相手から見てななめ前あたりから話しかけるようにしましょう。そうすると、相手も自然に会話をすることができ、お互いに心を開きやすくなります。とくに初対面では、お互いに心にバリアを張っている状態です。そんなときに真正面から話しかけてしまうと、威圧感を与えてしまいます。

また、相手との距離感も大切です。遠すぎれば話しづらいですし、近づきすぎれば圧迫感を感じてしまいます。

人と心地よい距離感を保つには、パーソナルスペースという考えかたを利用します。

脇の下に卵をはさむようなイメージで、両手を使って胸の前あたりでふんわり円をつくってみましょう。それがあなたのパーソナルスペースです。パーソナルスペースは、いわば心理的な縄張りの境界線のようなもの。家族や恋人以外の人がパーソナルスペースを侵害して近づいてくると、なんとなく不快感や圧迫感を感じてしまいます。

ですから、人と話をするときは、パーソナルスペース程度の距離を空けること。話している様子を客観的に見ても、見苦しくなく、自然で美しく感じられる距離感です。

相づちとおじぎであなたの印象が変わる

人の話を聞くときは、相づちを打ちますよね。

よりよいコミュニケーションのためには、どのように相づちを打つかがとても大切です。よく、「うんうん」という感じで、首を縦に速く細かく振るような相づちを打つ人がいます。でも、これは話を真剣に聞いていないという印象を相手に与えてしまいます。また、相手を急《せ》かしているような、落ち着きのない感じもしますよね。

相づちは相手の顔を見て、ゆっくり首を動かしながらうなずくのがポイント。この動作だけで、相手は「自分の話をしっかり聞いてくれている」「自分の話を深く理解してくれている」と感じます。ときにはゆっくりまぶたを閉じて、相手の話を噛みしめるような表情をするのもよいでしょう。

また、相づちはゆっくりうなずくというボディランゲージがあれば、とくに声を出さなくても大丈夫です。

相手の話にあわせてずっと「うーん……、うーん……」という唸り声のような相づちを打つ人がいますが、もしかしたら、相手の耳には雑音に聞こえてしまうかもしれませんよね。また、場合によってはぞんざいな感じに聞こえることもあるでしょう。

きちんと体を使ってゆっくりうなずけば、聞いているという姿勢は示せます。「うーん」

よりも、黙って話を聞き、ときおり「そうですか」「なるほど」などの言葉を心を込めて差しはさむほうが、相手の話をきちんと聞いている印象になります。

相づちと同様に大切なのが、おじぎです。

相手の心に響くおじぎとは、どんなものだと思いますか？

腰を折って、頭を下げて、深々とおじぎをすることでしょうか？

実は相づちと同じように、**おじぎもスピードが大切です。**どんなに深々とおじぎをしても、動作が速いと相手の心には響きにくいのです。

おじぎをするときは、腰を深々と折ったり、頭を低く下げる必要はありません。それよりも、**ゆっくり、ていねいに体を動かすことが大切**なのです。

笑顔で相手の顔を見ながら、ゆっくりと体を傾けるのがポイントです。体を傾けるときも、顔は相手に向けてほほ笑んだまま。おじぎと一緒に心もちまぶたを下げましょう。

謝罪をするときでもないかぎり、深々と90度のおじぎをすることはありません。角度は30度くらいでも、ゆっくり体を傾けることで、とても優雅でていねいなおじぎだという印象を相手に与えることができます。

おじぎや相づちのときは、**三拍子のワルツのリズム**を使いましょう。

おじぎなら、1、2、3でゆっくり上半身を傾け、1、2、3でゆっくり体を戻すようなイメージです。

体を傾けるときはゆっくりでも、体を戻すときに素早く戻してしまう人がいますが、これはもったいないやりかたです。傾けるときと戻すときの速度を同じくらいにするのがポイントです。

おじぎや相づちだけでなく、日常の動作もワルツのリズムを心がけると、所作がエレガントに見えますよ。

おじぎや相づちひとつで、あなたの印象が180度変わることもあります。

「ていねいに、心を込めてほほ笑む」を心がけてくださいね。

美言葉Lesson2

若者言葉編

若い人を中心に使われている言葉を集めました。ときにはフランクな会話もよいですが、目上の人に対しては失礼にあたりますので、気をつけましょう。

やっぱー	→やはり
超〜、激〜	→とても
めっちゃ	→とても
ありえない、半端ない	→とても
マジで、ガチで	→本当に
ビミョーな	→なんともいえない
やばい	→具合が悪い、危ない、すばらしい
やばっ	→あら?
ぶっちゃけ	→実は
うける	→おもしろい、楽しい
キモい	→好みではない、苦手なので
うざい	→気持ちがよくない、わずらわしい
〜系	→〜の類、〜のタイプ
私的には	→私としては
よさげ	→よさそう
何気に	→なんとなく
〜ていうか	→〜というより
〜だなと	→〜よね
〜じゃん	→じゃない?
〜じゃね?	→じゃない?

第3章

伝える

99%誤解を生まない話しかた

会話はできるだけ、相手に正しく伝えることが大切です。
これは簡単なことのようですが、意外にできていない人が多いように思います。
たとえば、次のような会話があります。

「兄がその店を知っていて、ランチを食べたことがあるんです」

これでは、ランチを食べたことがあるのは「私」なのか、「兄」なのか、はっきりとはわかりませんよね。自分は「兄が食べた」つもりで話しても、相手は「あなたが食べた」と思って聞いているかもしれません。また、単に「知っている」というのもあいまいな表現で、単に知っているのか、それとも店主と顔見知りなのか理解しづらいです。
こういったちょっとした食い違いから、誤解が生まれてしまいます。たわいもない会話ならまだしも、ビジネスシーンや大切な約束事、大きな買い物をするときなどに誤解が生まれると、相手との関係に亀裂が入ってしまうことさえあります。

先ほどの会話は、ほんの少し情報をつけ加えるだけで、とてもわかりやすくなります。

「兄は○○というお店がお気に入りで、ひとりでよくランチを食べに行くんですって」

「兄が○○のオーナーと知り合いで、私も兄と一緒にランチを食べに行くことがあるんです」

いかがでしょうか。先ほどよりも誤解を生まない会話になりましたよね。

99％誤解を生まないような話しかたをするためのポイントは３つ。

①主語、述語、目的語を省かずに話す

②指示語の多用を避ける

③抽象的な言葉より、具体的な言葉を使って話す

とくに多いのが、①の主語を省いて話してしまうこと。

「私はあなたが好きです（主語＋目的語＋述語）」という文章があります。これは英語で「I love you」ですが、日本語の場合、「好きです」と動詞だけで会話ができてしまいます。

ですから、私たちはつい主語を省いてしまいがちになります。

先ほどの例のように、自分はAさんのことを話しているつもりなのに、相手はBさんのことだと思って聞いていた、なんていうことはよくあります。会話の中で発現する動詞のみの言葉は、「誰が」「何を」といった部分が非常にあいまいです。

ちょっとした会話でも、**主語、述語、目的語を省略せずに話す**ことで、伝えたいことをきちんと伝えられるようになります。

ほかにも、いわゆる5W1Hを意識してみましょう。「いつ（When）・どこで（Where）・誰が（Who）・何を（What）・なぜ（Why）・どうやって（How）したのか」。とくに最初の4つ「いつ・どこで・誰が・何を」を意識しながら話すと、話が正確に伝わりやすくなります。

そして、②の指示語。

よく女性同士の会話で、「あれがそうなるでしょ。それがこうでこうなって……」なんていう会話がありますよね。また、家庭や職場でも、「あれはどうなってるの？」なんて聞いてしまうことはありませんか？

もちろん、会話の流れで通じてしまうこともあるのですが、お互いに考えている「あれ」「これ」「それ」が違っていると、会話がすれ違ってしまいます。主語を省いたり、指示語を多用しながら急に話題を変えてしまうと、何について話しているのかわからなくなって、**誤解のもと**になります。できるだけ具体的な名詞や動詞を用いて話すようにすれば、誤解や聞き返しが激減します。

最後に、③の抽象的な言葉。

たとえば、「たくさんあります」「すぐやります」といった場合、「たくさん」や「すぐ」がどのくらいなのかは、人によって違います。ですからできるだけ、「１００個くらいあります」「午前中にやります」というように、**具体的な数字などを使って伝える**ようにしましょう。

また、「和食が好きです」なんていうのも、幅が広すぎますよね。「和食の中でも、とくにお寿司が好きです」と伝えると、わかりやすいと思いませんか？

誤解を生まない、わかりやすい言葉を使うということも、自分の言葉を聞いてくれている相手に対する礼儀と思いやりです。

言葉の事故を防ぐためにも、伝えたいことをきちんと伝えられる話しかたを身につけましょう。

男性が話を聞いてくれない理由

「夫が話を聞いてくれない」「彼が私の話をわかってくれない」という相談を受けることがあります。

なぜ男性は、女性の話を聞かないのでしょうか?

それは、男性脳と女性脳の思考パターンの構造の違いによるものと私は考えています。

女性に多いのが、次のような会話です。

①「今日午前中に買い物に行ったらね、キャベツが安かったのよ。あ、そういえばそこでお隣の奥さんに会ったんだけど……。それに冷蔵庫に使いかけのひき肉があったでしょう。で、思いついたんだけど、今日はロールキャベツにしようかと思って……」
②「○○（子どもの名前）、最近いつもより勉強をがんばっていたでしょう。学校から帰ってきてからずっとにこにこしていて、いつもと様子が違うからおかしいなって思ったの。何かあったのかと思って聞いてみたらね、理由はなんだったと思う？　理科のテストで100点をとったんですって！」

女性同士なら成立するこういった会話も、男性にはNGです。このように、結論に達するまでの経緯を長々と話すことで、男性は途中で興味をなくしてしまうのだと思います。

男性と会話するときは、要点を先に話すこと。つまり、まずは答えや結果を話し、そのあとにどうしてそのようになったのかを補足的に話すのがコツです。
①は夕食のメニュー、②は子どもがよい成績をとれたということが結論です。ですから、次のように結論を先に述べ、あとから補足事項を話すようにしましょう。

①「今日はロールキャベツの予定よ。おいしそうなキャベツが安かったから。それに冷蔵庫にひき肉があったから」

②「○○（子どもの名前）が理科のテストで100点をとったの。最近よくがんばっていたものね。本人もうれしかったらしく、ご機嫌だったのよ」

女性同士の場合、のんびりと、多少脱線しながら話の経緯を楽しむところがあります。どんな結末が待っているのだろうと、迷路のような会話もおもしろく感じられるのです。しかし男性は、**どんな結論に向かって話しているのか、その道筋がわからない会話が苦手**なのです。だから男性にいちから経緯を話していると、聞いてもらえないのです。

女性数名の中に男性がひとり混じっておしゃべりがはじまると、男性はまったくついていけない、なんていう場面がありますよね。女性同士の会話は、いくつもの花をぽんぽんと咲かせるように広がっていき、その話の流れにうまく乗ることで楽しめます。でも、男性はこれがなかなかできないように感じます。

まずは男性脳と女性脳の違いを知り、女性と男性の会話のしかたは別物なのだと理解すること。対男性の場合、結論を先に話すよう心がけることで、「話を聞いてくれない」といったイライラも激減するはずです。

ビジネスシーンでは「結論から先に話す」という男性脳寄りの会話をしていくと、何事もスムーズに運びやすくなります。

たったひとことで会話の理解度が深まる

女性同士の会話で多いのが、お話があちこちに脱線することです。

女性の会話というのは、感性に頼るところが大きいもの。ですから、その場で思いついたことを脈絡を無視して話しはじめたり、結論にたどり着かないまま次の会話に進んだりすることが多いのです。そういった自由さ、気楽さが、女性同士の会話の楽しさでもありますが……。

ただ、脱線しすぎてしまって、「いま、なんの話をしているのかわからない……」という状態になることがあります。

つまり、話が急に切り替わって、話している本人以外はなんの話かキャッチできていないという状態です。こんなふうに話の内容がよくわからないまま聞いていると、ストレスがたまってしまいます。

実は会議やセミナーなどでも、半分くらいの人しか正確に話を聞いていないということはよくある話です。

でも、とくにビジネスの場でそういった話しかたをしてしまうと、誤解を招いて大きなミスやトラブルに発展することも少なくありませんよね。それに会話の楽しさというものは、ある意味、理解度に比例するものです。

話題を変えるときには、**「お話は変わりますが」**と切り出すことが大切です。ほかには、「脱線してしまいますが」「余談ですが」「話は戻りますが」など。**これらのひとことで、相手の理解度は大きく変わります。**

こういった言葉を癖にしておくと、あなたの話はこれまでの何倍もわかりやすくなり、行き違いや誤解が減るはずです。話が変わるとき、相手に心の準備期間を与えるためにも、これらの言葉が大切です。

逆に自分が聞き手の場合、わかったふりをして聞いていると、返事に困ったり、とんちんかんな返事をしてしまったりして、お互い気まずい思いをしますよね。主語の省略などで相手の話がわからなくなったら、その都度さりげなく「これはこういうことかしら?」と聞いてみるとよいでしょう。

また、女性に多いのが、相手が話している途中でさえぎってしまうこと。話の途中で自分が話したいことを思いついてしまって、相手の話が終わる前に話しはじめてしまうのです。相手はいいたいことをいえずに消化不良を起こしてしまいますから、さえぎる癖のある人は気をつけましょう。

基本的には相手の話をきちんと最後まで聞いてから、自分の意見を述べることが大切です。ただ、女性同士のおしゃべりでは話がはずみすぎて、つい相手の話が完全に終わらないうちに話してしまうことも多いものです。

もし自分で気づいた場合には、話が一段落したときに、「先ほどはお話をさえぎってしまってごめんなさいね。ぜひ続きを聞かせてくださいませんか?」とフォローしましょう。こうしたフォローのひとことで、逆に好印象をもってもらえることもありますよ。

知っている言葉を「自分の言葉」にする

何かを説明するとき、自分の考えを伝えるとき、とても大切なのがボキャブラリーです。
次のⒶとⒷをくらべてみてください。

Ⓐ「プロジェクトがどんな感じで進んでいるか、教えてください」
Ⓑ「プロジェクトの進捗《しんちょく》状況を教えてください」

Ⓐ「時間がありませんので、これはちょっと省きたいと思います」
Ⓑ「時間の都合で、こちらは割愛《かつあい》いたします」

Ⓐ「いろいろ大変だったみたいですよね」
Ⓑ「いろいろな葛藤《かっとう》がおありだったのでしょうね」

いずれの場合も、Ⓐよりも Ⓑのほうが知的で、上品に感じられませんか？

これは、ボキャブラリーの違いです。自分が伝えたいことを言葉に変換するとき、適当な言葉が見つからないと、どうしても子どもっぽいいい回しになってしまいがちです。

Ⓐも Ⓑも、同じことを考え、伝えようとしているのに、使う言葉が違うだけで、大きく印象が変わってしまいます。ボキャブラリーが豊富であるということは、同時に表現力も増し、話の内容が印象深いものになります。

多くの人は、たくさんの言葉の意味を知っています。先ほどあげた Ⓑの例文も、意味がわからないという人はいないでしょう。でも、知っていることと、使えることとは別物です。たとえその言葉を知っていても、適切なときに口にすることができなければ、使えているとはいえません。

「知っている言葉」を「使える言葉」に変え、最終的に「自分の言葉」にしていくという作業が必要です。それが、ボキャブラリーを増やすということなのだと、私は思います。

ボキャブラリーを増やし、表現力を高めるためには、たくさんの文章を読むことが近道です。新聞でも、好きな作家の本でもよいでしょう。自分が素敵だなと思える文体や、こんなふうに話してみたいと思えるお手本になるような文章に出会えたら、最高ですよね。

そして、**言葉を自分のものにするために大切なのが、実際に声に出して読んでみること。**

言葉がきれいな人、話が上手な人といって思い浮かぶのが、アナウンサーや俳優です。アナウンサーはニュース原稿を声に出して読みますし、俳優は台本のセリフを何度も練習します。たくさんの文章やセリフを声に出して読むことで、表現力が身につき、その言葉を自分のものにしていくことができます。

ですから、たくさんの文章を、やさしく語りかける調子で、心を込めて声に出して読んでみましょう。

朗読している声を録音して聞いてみるのもよいでしょう。「この言葉が聞きとりにくい」「一本調子になっている」などの気づきもありますから、ボキャブラリーを増やすだけでなく、美しい話しかたのエクササイズにもなります。

声に出して読むだけでなく、好きな文章を手書きしてみることもおすすめです。

そして、わからない言葉があったら、辞書を引いて調べてみるという習慣をつけましょう。私は、わからない言葉に出会ったら、すぐに辞書を引くようにしています。また、当たり前に使っている言葉、知っていると思い込んでいる言葉も、あらためて辞書で調べてみると新しい発見があります。言葉の意味を正しく知ることも、ボキャブラリーを増やす第一歩です。

ボキャブラリーが増えれば増えるほど、話すことが楽しくなります。

わかりやすい話をするためのコツ

「話がわかりにくいといわれる」「話が長いといわれる」という人はいませんか？

話が長い、話がわかりにくいという人は、要点をうまく伝えられていない可能性があります。

そういった場合、**言葉をプラスしてフォロー**してみましょう。

たとえば前置きとして、「私がいちばん伝えたいのは」「私がいいたいのは」などという言葉を使うことで、相手に自分の意図が伝わりやすくなります。

また、**本当に伝えたいことは2、3度繰り返して話す**ことで、強調されてしっかり伝わります。

話を整理するために数字を使うのも効果的です。「理由は2つあるんです」「いいことが3つも重なったの」など。数字を使うことで、相手も整理しながら話を聞くことができますから、理解度が深まります。

こういったひとことをつけくわえるだけで、あなたの話はわかりやすくなります。

話が長い人の場合、何が要点なのかがあいまいになってしまっている可能性があります。順を追って最初から話すために何がいいたいのかわからず、ときに脱線したりするため、相手が飽きてしまうのです。「自分が相手に伝えたいことは何か」を意識しながら話すことで、結論にたどり着くのが早くなるはずです。

誰に対しても敬語はゼロにしない

会話では、誰に対しても、まずは敬意を示すことが大切です。

どんな相手であっても、間違いがないのが敬語です。

初対面から「～だよね」「～だよ」といったくだけた表現は控えたほうが無難。まずは誰に対しても、１００％の敬語で話すようにしましょう。

ちなみに、敬語とは、です、ますなどの丁寧語、申し上げる、いただくなどの謙譲語、召し上がるなどの尊敬語の総称です。

だんだんと打ち解けて仲よくなったら、「そうね」「かしら」のような、少しフランクな言葉を織り交ぜます。

たとえば親戚のおばさまなら80％敬語・20％フランクな言葉、友人なら30％敬語・70％フランクな言葉といったように、**相手との関係性によって、パーセンテージを変えていく**とよいでしょう。

ただし、どんなに仲よくなっても、**敬語をゼロにはしないこと。**たとえフランクな会話であっても、間に敬語を差しはさむことで、お互いに敬意をもって、きちんと向かい合っているという印象になります。

とくに仕事など社会的な場では、たとえ自分よりも10歳、20歳年下であっても、すべての人に敬語で話すようにしましょう。たとえば、後輩や部下にも、「これお願いね」ではなく、「これ、お願いできますか？」と話しかけます。

学生さんなど、敬語を使い慣れていない人は、まずは5％、10％からでも大丈夫。少しでも敬語を織り交ぜることで、話しかたの印象はずいぶん違ってきます。

話すのが苦手な人ほど、きちんと敬語を使うことをおすすめします。口数が少ないからこそ、敬語で話すことによって、ていねいな人、上品な人という印象になります。

敬語は、とても美しい響きの素敵な言葉ばかりです。しかも、さりげなく相手への敬意や感謝を伝えることができるのですから、とても便利です。

敬語をきちんと使えるようにしておくだけで、あなたの印象が魅力的なものになること間違いなしです。

娘の友だちがわが家に遊びにくると、たとえ相手が小学生、中学生であっても、私はかならず敬語で話しかけてきました。

「ようこそいらっしゃいました。ゆっくりしていってくださいね」「お紅茶いかがですか？」

など。これは彼女たちによろこんでもらえたようです。たとえ小さな少女であっても、「自分が一人前の女性として扱ってもらえた」とわかり、誇らしくなるのだと思います。

私は相手が幼稚園児くらいのお子さまであっても、「こんにちは。今日のお洋服、とてもかわいいですね」と、まずは敬語で話しかけます。そうするとその子も「ありがとうございます」ときちんと敬語で答えてくれるのです。まさに、美言葉の伝染です。

人間関係は鏡のようなもの。**相手に敬意を示せば、自分も同じように大切に扱ってもらえます。**

逆をいえば、言葉をくずしすぎることで、自分自身が大切に扱ってもらえなくなるということです。くずれた言葉を使えば、軽く見られたり、自分の価値を下げることにもつながります。

たとえば後輩や部下に対して高圧的な言葉や見下すような言葉を使っていれば、そのうち相手もあなたのことを尊敬しなくなるでしょう。いつも命令口調で話していれば、相手もあなたに反発心を抱くようになります。

自分が大切に思う人、そして自分を大切に扱ってほしいと思う人には、かならず敬語を織り交ぜて話すようにしましょう。

緊張は3段階で楽しみに変わる

こんな言葉をよく耳にすることがあります。

「私はあがり症だから、人前で話すのが苦手で……」

「緊張しないで話せるなんて、すごいですね」

このように、人前に出ると緊張してしまってうまく話せない、という人にお伝えしたいことがあります。

緊張は誰でもします。まったく緊張しない人は、皆無だといってもいいでしょう。

たしかに、世の中にはスピーチがとても上手な人がいます。大勢の前で堂々と自分の意見を話せる人もいます。

「彼らと自分は違う」「彼らは緊張しない性質に違いない」と考えている人へ、**「最初から人前で上手に話せる人などいない」**ということを私はお伝えしたいのです。

理解してほしいのは、緊張には、次の3つの段階があるということ。

①怖い、恥ずかしい（不安で逃げ出してしまいたい状態）
②ハラハラ、ドキドキ（不安半分、楽しみ半分の状態）
③ドキドキ、ワクワク（緊張感を楽しんでいる状態）

人前で話すのが苦手だという人は、①の状態で止まっているだけです。これは誰でも経験する通過点。自分だけがこうなのだと思わないでくださいね。

いまは①の状態の人も、場数を踏むことで、かならず②、③の段階へと変わっていきます。「私は緊張などしない」と豪語する人は、③の緊張を楽しんでいる状態です。

まずはお友だち2、3人からでも、自分の意見をわかりやすく話す練習をしていきましょう。そして、仕事の会議や打ち合わせ、上司との面談、懇親会やパーティなど、人前で話す機会があれば、積極的に発言してみましょう。そうすれば、3人から5人、7人、10人、20人と人数が増えても、堂々と話せるようになるはずです。

大切なのは、**自分からそういった機会を増やしていくこと。**いつまでも尻込みしていたら、①の怖い、恥ずかしいという状態から抜け出すことができません。

人前で自分の意見を話して、相手が反応してくれるというのは、とても楽しく、素敵な経験です。緊張を楽しみ、人前で堂々と話せる女性を目指しましょう。

私自身、テレビ、ラジオ、雑誌、講演会、レッスン、バレエの舞台など、人前に出る経験をたくさんしてきました。これまでに4000回以上も、人前で話す機会をいただいています。でも、最初の頃は声が震えたり、足が震えたり……と、ガチガチに緊張しました。

しかし、私もいまでは緊張を楽しみ、味わえるようになりました。

たとえば講演をしているときは、たとえ300人の人を前にしても、一人ひとりの顔がよく見えるもの。すべての人に楽しんでいただけるように、反応を見ながら話題を変えたり、場の空気を盛り上げたり……。ときには場の空気をコントロールする楽しさまで感じられるようになりました。

人前に出る機会の多い芸能人やアナウンサーの方たちも、現場に入るとキリッとモードを切り替えて、緊張感を楽しんでいらっしゃるのだと思います。

ほめ上手は、まず自分を認めることから

よいコミュニケーションを築くためには、ほめ上手になることが大切です。

ほめられて、嫌な気持ちになる人はいませんよね。初対面にかぎらず、話題に困ったときは、相手の長所をきっかけにすると会話がうまくいきます。

ほめるときのポイントは**「具体的にほめること」**です。

次のⒶとⒷをくらべてみてください。

Ⓐ「先輩って仕事ができますね」
Ⓑ「先輩の作成した企画書、とてもわかりやすくて驚きました。とくにデータに説得力があって、さすがだと思いました」

Ⓐ「今日は素敵な服を着ていますね」
Ⓑ「今日のコートの色、とてもシックで素敵です。デザインも洗練されていて、シルエットがきれいに見えますね」

Ⓐよりも Ⓑのほうが、よりうれしいほめ言葉ですよね。
具体的にほめられることで、「きちんと自分のことを理解してくれている」「自分の価値を認めてくれている」と感じるのです。

ただ、人をほめることの重要性は理解していても、「相手の長所をうまく見つけられない」「無理やりほめると、歯の浮くようなお世辞になってしまう」という人も多いのではないでしょうか？

ほめ上手になるために、大切なことがあります。

相手をほめるためには、まずは**自分自身をよく知り、肯定することが大切**なのです。自分自身を肯定できなければ、相手のことを肯定するのはむずかしいと私は考えています。心に余裕がなく、自己否定感が強い人は、他人の長所を素直に認められないと感じるからです。

相手と自分をくらべようとか、負けたくないという気持ちがあると、相手の長所は見えにくいものです。それどころか、無意識に相手の弱点や短所を探そうとしてしまいがちです。これでは、相手をほめる気持ちになどなれないと思います。

つまり、「相手は相手」、「自分は自分」で、それぞれ「唯一のもの」と、比較をしない考えかたを取り入れることで、自然と相手の長所が目に飛び込んでくるようになります。

ほめ上手になるためには、まずは自分の長所を知り、自信をもつこと。そして、**自分の心を幸せな気持ちで満たしておくこと**が、とても大切です。

ほめ言葉は諸刃の剣です。心からのほめ言葉なら相手はよろこんでくれますが、お世辞やごますりだと思われれば、相手の気分を害することもあります。そこに偽りの気持ちがあれば、相手の心には響かないのです。

ほめ上手とは、ごまをすることでも、お世辞をいうことでもありません。自分の長所を認めたうえで他人の長所を認め、プラス思考ができる人のことをいうのだと私は思います。

ほめ言葉が、人生を変える

人をほめることも大切ですが、ほめられる側にも心のエクササイズが必要です。

誰かにほめてもらったときは、「きっとお世辞に違いない」「私はほめられるほどの人間じゃない」などと思わないこと。ほめ言葉を素直に受け止め、その部分をもっと伸ばしていけるような心を育てましょう。

ほめてもらえたポイントは、間違いなく自分の長所となる部分であると私はとらえています。そして、その**自分の長所を人の役に立てたいと考えて行動をすると、好循環が生まれ、人生がよいほうに転がっていく**と考えています。

子どもは、ほめられるとがんばって練習し、能力を伸ばしていきますよね。ほめられることは人によろこんでもらえることだと、本能で知っているのではないでしょうか？

私は現在、歩きかたや話しかた、立ち居振る舞いを教えることを生業《なりわい》にしていますが、最初からこの仕事をしていたわけではありません。人からほめていただいたことがきっかけなのです。

以前フレグランススクールを運営していた頃、たくさんの人から香りの仕事に関係のないことでほめられることが多かったことを、なぜなのかしらと思っていました。

「姿勢がきれいですね」「素敵な歩きかたですね。教えてくれませんか？」「立ち姿が美しいですね」などのほめ言葉。

そして私は、ほめられたうれしさと同時に、「ほめられた部分」をもっと磨いて、育みたいと思いました。その部分がほかの人のお役に立てる部分なのかもしれないと考えたからです。それが現在の仕事をはじめるきっかけになりました。ほめられたときに「そんなことはない」「きっとお世辞だわ」と思っていたら、私は人によろこんでいただける現在のお仕事を見つけることはできなかったと思います。

ほめ言葉は、人間の原動力になります。

料理の腕前をほめられて料理研究家になったり、語学のセンスがあるといわれて通訳者になったり、文章がわかりやすいといわれてライターになったり、歌声が魅力的だといわれて歌手になったり……。

誰かの人生を変えてしまうほど、ほめ言葉の持つパワーは強力なのです。人にほめられることで、「自分にはこんな能力がある」と気づき、それを伸ばすことができます。

逆をいえば、「あなたにはよいところがない」「何をやってもダメね」などという言葉をかけられたら、自分の存在価値を失ってしまいますよね。

ほめられたら、それがあなたの人生を変えるヒントです。素直に受け止め、その部分を磨き上げましょう。

「気が利きますね」「きれい好きですね」「教えるのが上手ですね」「笑顔が素敵ですね」「話が上手ですね」……。

こういった言葉が、人を伸ばすきっかけになります。お互いに長所を認め、伸ばす。そのことがたくさんの幸せを産み、社会にとってもよいサイクルをつくりだすと私は考えています。

私はお互いにほめあうことで、世界が平和になるとさえ感じています。

メールで大切な3つのこと

いまは仕事でもプライベートでも、メールで連絡をとることがほとんどでしょう。

メールでのやりとりは、大切なコミュニケーションのひとつ。相手に真心が届けられるようなやりとりができれば、素敵ですよね。

私がメールを書くときは、ほんの少しでも相手に幸せな気持ちを感じてもらえればいいなと、そしてほんの少しでも自分らしさが伝えられればいいなと思っています。

とくにビジネスメールは、用件だけのそっけないものになってしまいがちです。かといって、よけいなことを長々と書けば、相手がわずらわしく感じてしまいます。

ほんの1、2行に、相手への思いやり、そして自分らしさが出せるメールを心がけたいものです。

メールの最初や最後に、心地よい言葉、温かい言葉を1、2行くわえることで、印象に残るメールになります。

私はメールを送るとき、次の3つのことを心がけています。

1. 色を感じさせるような文章

例：「桜の季節になりましたね。ふと通りかかった桜並木が満開で、まるで桜のトンネルのようでした」

「今日は見事な秋晴れの青空で、とても気持ちのよい日ですね」

「今晩は月がきれいです。きれいな満月を見ながら、このメールを書いています」

たとえば桜の話題を出せば、メールを読んでいる相手は一瞬桜の花を頭の中にイメージするでしょう。そうすると、心に温かいものが広がるような気がしませんか？

メールに彩りを添えるように、少しでも相手の心がなごむような情景が浮かぶ言葉を添えてみましょう。そのためには、**色のついた情景を連想させるような文章を心がけることがポイント。**決まりきった時候のあいさつでは堅苦しく感じてしまいますから、できるだけ自分の言葉で表現しましょう。

日常の中で、季節を感じたり、美しいものに感動したり……。ふだんから五感を磨いておくことで、素敵な表現が自然に生まれてきます。

2 相手を気づかう文章

例：「残暑が厳しくなりましたが、体調などくずされぬようお過ごしください」

「寒さが増す日々ですが、お風邪など召しませぬよう、ご自愛くださいませ」

「ご家族が入院されたとのこと。一日も早いご快復を、心からお祈り申し上げます」

顔の見えないメールだからこそ、相手への気づかいを忘れないようにしましょう。たったひとことでも、体調などを気づかう文章があると、相手はうれしく感じるものです。また、大変なときこそ、こういったひとことによって心が温かくなると私は感じます。

3 自分の気持ちをあらわす文章

例：「今日は○○さんのおかげで、とても楽しい一日を過ごすことができました。ありがとうございます」

「お目にかかれますことを、心から楽しみにしております」

「やさしい○○さんのお心に触れ、とてもうれしく幸せに思います」

このように、メールには**自分の気持ちを少しだけプラス**しましょう。

ただし、楽しかった、うれしかったなどの、ポジティブな感情のみにしましょう。ポジティブな言葉で嫌な気持ちになる人はいないと思います。たとえばお礼の言葉も、「ありがとうございました」だけよりも、「○○さんのおかげで本当に助かりました」というポジティブな気持ちをプラスすれば、感謝の心がより伝わりやすくなります。

相手はきっと、メールを読みながらあなたの笑顔を思い浮かべてくれるはずです。


本題と関係のない長文を書いてしまうと相手の負担になってしまいますが、こういった1、2行をくわえるだけなら、邪魔にならないでしょう。ほんの数行ですが、人間らしさが出て、堅苦しくなりがちなメールが楽しいものになりますし、相手との心の距離が縮まったりもします。

メールで気をつけたいことは、やはり誤解を避けることです。メールは文字だけのコミュニケーションですから、相手の表情が見えず、声の調子もわかりません。そのため、ほんいのちょっとしたことでお互いの気持ちに温度差が生じて、誤解やすれ違いが生まれやすいのです。顔文字などを使えば気軽に感情があらわせますが、ニュアンスを間違えると、面倒なトラブルに発展してしまう場合もあります。メールを送る前に、かならず相手の立場に立って読み返してみる癖をつけましょう。

自分の書いたメールを声に出して読んでみるのもおすすめです。不自然な文章になっていないか、堅苦しい文章になっていないかなども確認ができます。声に出して読んだときに自然に聞こえる文章は、相手の心にも届きやすいでしょう。

相手に伝わる「ごめんなさい」の気持ち

電車が遅れて待ち合わせの時間に遅れてしまった……。

急な用事が入って、約束をキャンセルしてしまった……。

こんなとき、あなたはどんなふうに相手に謝りますか？


「出がけにお腹が痛くなってしまって、家を出るのが30分くらい遅れちゃったの。薬を飲んだからだいぶ治まったけど……。ほんとにごめんね」


こんなふうに、多くの人はいいわけから先に相手に伝えようとします。

いいわけばかりが先に立って、謝罪の言葉がおざなりになってしまったり、ときには、いいわけすることに心を奪われて、肝心の謝罪を忘れてしまう場合さえあります。

でも、相手がいちばん聞きたいのは、決していいわけではないと思うのです。

「だってしかたがないじゃない。理由があったんだから……」という自分の都合は、相手には関係のないこと。どんなにしかたのない理由であったとしても、相手を待たせてしまったり、がっかりさせてしまったりしたことは事実です。まずはそのことに対して、相手の気持ちに寄り添って考えましょう。

「本当にごめんなさいね……。待っているあいだ、寒くなかった？　実は出がけにお腹が痛くなってしまって……」

こんなふうに、まずは心を込めて、**相手に迷惑をかけたことに対する謝罪の気持ちを伝えましょう。**

心からの謝罪を伝えたいとき、多くの言葉は逆効果。「ごめんなさい」のひとことに、全身全霊を傾けるような話しかたをします。

謝罪の言葉が相手の心に響けば、相手のマイナスの気持ちを少しでも癒やすことができます。そのあと、理由をきちんと話しましょう。

まずいいわけからはじめるのは、自分を正当化して守ろうとしているだけ。待たされた相手が、そんなことを先に聞きたいはずがないと私は考えます。

「こんな理由があったからしかたがない」というのは、つけ足すくらいの気持ちで。「いいわけ＋謝罪」ではなく、**「心からの謝罪＋理由」という順番で伝えましょう。**心からの謝罪の気持ちが相手に伝われば、それだけで相手の怒りや悲しみは半減されると思います。

いい加減な謝罪をすれば、相手の怒りを倍増させてしまうかもしれませんが、きちんと謝罪ができれば、理解が深まって、いっそう相手との仲を深めることができるかもしれません。

謝るということは、些細なことであっても人間のプライドにかかわるものです。謝るのが好きだという人はいないでしょう。でも、迷惑をかけてしまった相手の気持ちに寄り添うように考えることで、心から謝罪することができるようになります。

心からの謝罪の気持ちを伝えるためには、さらにボディランゲージをプラスしましょう。

私が最上級の謝罪をするなら、ひざまずいて、両手で相手の手をとって謝ります。これはバレエにもある許しを請う表現です。さすがにこれは少し大げさかもしれませんが、頭を下げる、手を合わせるといった体での表現のほか、目をぎゅっと閉じるなど、表情でも気持ちを伝えましょう。

このように、本気の気持ちを伝えるには、**体も一緒に謝る**ことが大切です。日本には土下座という風習がありますが、「心から謝ってほしい、そうすれば怒りや悲しみが癒やされるのだ」という相手の気持ちのあらわれなのだと思います。

相手に伝わる「ありがとう」の気持ち

前項で、「いいわけ＋謝罪」ではなく、「心からの謝罪＋理由」という順番にすることをお伝えしました。

この「伝える順番」というのは、さまざまな場面で応用できます。

基本は「大切なこと（相手が聞きたいこと）を先に話す」ということ。最初に話す言葉のほうが、相手の心に残るのです。

たとえばあなたがプレゼントをいただいたとき、どんなふうにお礼をいいますか？

Ａ「素敵なものをありがとう。うれしいわ」

Ｂ「まあうれしい。素敵なものをありがとう」

プレゼントを贈った相手は、どちらをよりうれしいと感じるでしょうか？

答えはＢです。お礼の場合は謝罪と違い、相手は「プレゼントをよろこんでくれるかどうか」を気にしています。ですから、Ｂのほうがよろこびをダイレクトに伝えることができるのです。

お礼をする場合は、**「どれくらいうれしいか」**という気持ちを強調しましょう。また、感想を具体的に述べることも大切です。

「色のセンスがとても素敵ですね。本当にありがとう」

「とくにデザインが私の好みです。本当にありがとうございます」

「○○をしてくれたこと、とても助かりました。本当にありがとう」

人は誰でも、誰かによろこんでもらえた、誰かの役に立てたということをうれしく感じるもの。「お礼」というのは非常によく交わされるコミュニケーションのひとつですから、覚えておいて損のないテクニックです。

そしてもちろん、お礼をいうときは満面の笑顔も忘れずに……。

美言葉Lesson3

上級編

ここは、少し上級編。使用頻度の高い尊敬語や謙譲語などを集めてみました。こういった言葉をさらりと口にできると、とても知的でエレガントな女性に見えます。

食べる？　　　　→召し上がりますか？
どう？　　　　　→いかが（かしら）？
食べる　　　　　→いただく
もらう　　　　　→いただく、頂戴する、たまわる
います　　　　　→おります
します　　　　　→いたします
知っている　　　→存じ上げる
見る（自分）　　→拝見する
見る（相手）　　→ご覧になる
行く（自分）　　→伺う、参る
来る（相手）　　→いらっしゃる、おみえになる
いう（自分）　　→申す、申し上げる
いう（相手）　　→おっしゃる
お待ちどおさま　→お待たせいたしました
わかりました　　→かしこまりました、承知いたしました

◎知っておきたいクッション言葉

依頼をするときなど、これらの言葉を使うことで、相手への気づかいを示すていねいな表現になります。

恐れ入りますが
失礼ですが
ご面倒をおかけしますが
お手数をおかけしますが
（ご都合が）よろしければ

第4章

つながる

まずはあいさつだけで十分

よりよいコミュニケーションのためには、自分から話しかけることが大切です。

でも、よく知らない人に話しかけるのは苦手、という人は多いのではないでしょうか？

そういう場合は、無理をしなくても大丈夫。

まずは、「おはようございます」「こんにちは」「こんばんは」というあいさつからはじめてみましょう。

たとえば、ご近所の方や、ちょっとした知り合いに対して、または懇親会やパーティの場で、「話をするのは面倒だな」と、つい会話を避けてしまうことがありますよね。

でも、無理に話をすることなどありません。**会話を発展させなければと思うから、面倒になって逃げてしまいたくなる**のではありませんか？

相手と顔を合わせたら、満面の笑顔で「こんにちは」とひとこと。これだけで十分です。

軽い会釈だけでもいいでしょう。

笑顔であいさつされて、嫌な気持ちになる人はいないと思います。きっと相手も「こんにちは」と返してくれるでしょう。

いつもあいさつを交わしていれば、いつしか自然と「こんにちは、今日はいい天気ですね」「こんにちは、本当ですね」という会話が生まれはじめるでしょう。

たとえ相手に気づかれなくても、無視されても、気にしないでください。「自分からあいさつできた」という事実が大切なのです。もしかしたら次回は相手もあいさつしてくれるかもしれません。

些細なものであっても、人と人とのつながりをシャットアウトしたら、自分の世界は広がりません。何度もあいさつを交わしているうちに、だんだん自然な会話が生まれて、最終的には無二の親友になることだってあると思います。

だからこそ、まずはあいさつから。「こんにちは」というたった5文字のあいさつからはじめて、**徐々に心の垣根を取り払っていくことで、人とのつながりが広がっていく**のだと私は思います。

今日からできる、あいさつのエクササイズ

誰にでもできる、あいさつのエクササイズがあります。

今日からスーパーマーケットやコンビニエンスストアで買い物をしたときは、笑顔で「ありがとうございます」というようにしてみましょう。

買い物も人と人とのコミュニケーションのひとつなのに、何もいわずに商品を受け取ると、なんだかぶっきらぼうで寂しい気がします。あなたが笑顔で「ありがとうございます」といえば、店員さんもきっと、笑顔を返してくれるでしょう。ちょっとしたコミュニケーションですが、**お互いに幸せになれる小さな習慣です。**こういった小さな習慣を重ねることで、あいさつ上手になれるのです。

私自身、よく行くお店では「こんにちは」とごあいさつしますし、スーパーマーケットやコンビニエンスストアでも、会計するときは「お願いします」、商品を受け取ったら、笑顔で「ありがとうございます」の言葉を忘れないようにしています。

また、「すみません」でも悪くありませんが、「すみません」はもともと謝るときの言葉

です。できれば「ありがとうございます」のほうが素敵です。

余談になりますが、私には「ごあいさつ友だち」のような方がいます。

お名前も、どこに住んでいるのかも存じ上げませんが、最寄り駅やスーパーマーケットなど、自宅の近所でよく顔を合わせる感じのよい方がいるのです。3度目くらいにお会いしたとき、目が合ったので、私は「こんにちは」と笑顔であいさつしてみました。そうしたら相手の方も「こんにちは」と返してくださり、いまではお会いするたびにあいさつを交わすようになっています。あいさつ以上の会話は交わしたことはありませんが、とても素敵なコミュニケーションだと思っています。

こんなふうに、名前も知らないけれど、よく顔を合わせる人っていませんか？　たとえば、会社は違うけれど同じオフィスビルで働いている人、マンションのエレベーターでお会いする人……。あいさつをしないで黙っていたら、逆に気まずくなって、避けるようにしてしまいませんか？　気まずいということは、居心地の悪いマイナスの状態だということ。たったひとこと「こんにちは」とあいさつを交わすだけで、ほんのり幸せな、プラスの状態に変わります。

お互いが幸せになれるコミュニケーション

「聞き上手になりなさい」という意見をよく耳にします。

たしかに、相手の話をよく聞くことはコミュニケーションの基本中の基本です。そしてもちろん、自分の話ばかりするのはよくありませんよね。

でも、聞き上手に徹しすぎて、自分の話をほとんどしないというのはどうでしょうか？　聞いているばかりでは、楽しくありません。相手も自分が話すばかりでは、一方通行で壁に向かって話をしているような気分になってしまうでしょう。また、聞き上手になろうと根掘り葉掘り細かい質問をして、相手の気分を害してしまうこともあります。

「今日私は聞いてばかりで、つまらなかったな……」

「今日私は話しすぎてしまったけど、彼女のほうはどう思っただろう……」

つねにこんなふうに感じてしまうような関係性では、長続きするのはむずかしいものです。いつも聞き役にまわっている人は犠牲感を感じてしまい、人間関係のパワーバランスにひずみが生まれてしまいます。

会話というのは、相手の話と自分の話の割合が1：1になるのが理想だと私は考えています。

それが**自分100％＋相手100％＝200％の幸せな楽しい会話につながる**と感じるからです。

誰だって、ある程度話したら相手のことも聞きたくなってくるし、ある程度聞いたら今度は自分のことを話したくなるもの。聞いては話す、話しては聞くというように、同じくらいの量を話すようにすると、お互いに楽しかったと感じられます。場の雰囲気も、幸せなエネルギーが循環していくようなものになります。結果、よいおつきあいが長続きするのです。

もちろん性格によってある程度バランスは変わるでしょうが、できるだけ同じくらい話すよう心がけることが、よい人間関係を築くコツ。「今日は私が話しすぎているかな。今度は私が質問してみよう」などと、会話量をコントロールできるようになれれば、なおよいですね。

話しっぱなし、聞きっぱなしにならないよう、つねに会話のバランスを意識してみましょう。不思議とその場の雰囲気が明るく、楽しいものに変わるはずです。

初対面の人に話しかける秘訣

パーティ、懇親会、食事会など、初対面の人にお会いする場面があります。

そんなとき、「何と話しかけていいかわからない」「知らない人と話すのは苦手」と感じる人は多いはずです。

でも、**誰だって最初に会ったときは初対面。** 仲のよい友人も、おせわになっている会社の上司や同僚も……。

話すのが苦手だからと話すことから逃げていたら、なかなか人間関係は広がりません。

それは、自分の世界を狭めることにもなってしまいます。

知らない人に話しかけるのは、たしかに勇気のいることです。でも、相手の気持ちを考えて、少しだけ勇気を出してみましょう。パーティや懇親会などで話しかけられて、嫌だと感じることはありませんよね。むしろうれしく感じるはずです。相手がよろこぶことなら、積極的にやってみようとは思いませんか？　話しかけることは、人と人をつなぐ、とてもすばらしいこと。それなのに、物怖《ものお》じしてしまう人が多いように感じます。一度殻を破ってしまえば、話しかけることがだんだん楽しくなるものです。

初対面の人に、自然に話しかけるコツがあります。

それは、相手の美点を見つけること。

「こんにちは。はじめまして」のあとに、「センスのよいネクタイのお色ですね」「姿勢がよくて素敵ですね」「かわいらしいイヤリングをされていますね」……など。

このように、**まずは相手のよいところを見つけて、話しかけましょう。**

よいところを認めてもらって、嫌な気持ちになる人はいないと思います。相手も「ありがとうございます。実は……」となり、自然に会話がはじまります。

まずは相手の美点を見つけて、話しかける。そして、会話がうまくはじまったら、食べ物や趣味といった、誰にでも共通する一般的な話題につなげていくとよいでしょう。

この方法なら、知らない人同士でも会話が成り立ちますから、どんな人にも話しかけられます。

家族の話題や経歴など、プライベートな部分はあまり話したくないという人もいます。初対面では当たり障りのない話題を選ぶようにしましょう。

そして、やはり聞くばかりではなく、**会話の中で自分のことや自分の気持ちを差しはさむのがコツ。**そうすることで共感が生まれますから、お互いに打ち解けやすくなります。

たとえば最初に話しかけるときにも「春らしいお色のブラウスですね。私、この色が大好きなんです」などと自分の気持ちをプラスすることで、相手も心を開きやすくなります。

まずは相手に敬意をあらわして、ごあいさつする。そして、相手の美点を話題に出す。さらに、自分の話を交えながら、また相手の話を聞く。そこから趣味や仕事など、話がさらに広がっていく……。

こういった会話がはずむ好循環をつくりましょう。初対面で会話がはずむと、その後のおつきあいもうまくいくものです。

相手から話しかけたくなる人になる

パーティや懇親会などでは、自分から話しかけることはもちろん大切ですが、話しかけられる人になることもまた、大切です。黙っていても、人に話しかけられる人と、話しかけられない人。実はこれには大きな違いがあります。

たとえばあなたが知らない人に道を聞こうとするとき、どんな人に話しかけますか？

次のⒶ、Ⓑでくらべてみてください。

Ⓐ

・きれいな姿勢の人
・まっすぐ前を見ている人
・笑顔の人
・視線が定まっている人
・お腹のあたりで軽く手を重ねている人

Ⓑ

・猫背で背中が丸まっている人
・下を向いている人
・無表情の人
・キョロキョロしている人
・腕組みをしている人

もちろん、Ⓐではないでしょうか？　Ⓐの人に話しかけたら、明るく、快活な受け答えをしてもらえそうですが、Ⓑの人はコミュニケーションを拒否しているような印象を受けると思います。

人に話しかけたくなるような人になるためには、Ⓐのような態度をとりましょう。とくにきれいな姿勢と、笑顔がポイント。第2章でお伝えしたように、デコルテを開いて相手に向けることも大切です。

ではここで、あらためてきれいな姿勢のつくりかたを紹介します。

まず、肩を後ろに引くようなイメージで、背中にある左右の肩甲骨を内側にほんの少し寄せるようにしてみてください。デコルテが開いて、丸まっていた背中がピンとなりますよね。そして、鎖骨ラインをまっすぐにするようなイメージで、肩を下げます。最後に、下を向かないよう、あごの下にりんご1個分の空間をつくってみてください。

このような姿勢でにっこりほほ笑むことができれば、あなたはすでに、話しかけたい人になっています。

また、ただ話すだけがコミュニケーションではありません。**相手にどんな印象を与えた**

かも、コミュニケーションのひとつです。

実際に話はしなくても、「とても感じのよい人だな」と思われただけでも大成功。相手によい印象を与えることができれば、それだけで十分よいコミュニケーションがとれているということです。よい印象を残すことができれば、次回は話しかけてもらえるかもしれませんよね。

楽しい話題のつくりかた

会話をより楽しいものにするためには、まず相手のことを知ることが大切です。

そのためには、好きなものをたずねていくのがおすすめです。

さりげなく、「どんな食べ物が好きですか?」「どんなお酒が好きですか」「どんなスポーツが好きですか?」……などと聞いてみるのです。そのほかにも、好きな映画、好きな季節、好きな音楽、好きな国など。

好きなもの、好きなことを聞いていくと、その人のスタイルが見えてきます。そして、その人のキーワードがわかってきます。

キーワードの中で、自分との共通点があれば、会話も盛り上がりますよね。**好きなものを話題にすれば、会話の内容もポジティブなものになります。**

それに、好きなものや趣味がわかれば、相手の好みがわかります。贈り物をするときやどこかへお誘いするときなど、その情報が役立ちます。


まったくの見知らぬ人であっても、何か共通点を見つけさえすれば、話をはずませることができます。ですから、初対面で話題の手がかりさえわからないときは、**誰にでも共通するものについて**聞いてみましょう。

たとえば、食事は誰もがすることですから「食べ物では何がお好きですか?」と聞いてみます。食べ物の話題は、どんな人にも共通する日常的なもの。少し打ち解けたら、「世界が終わってしまうとしたら、最後に何を食べたい?」といったようなおもしろい問いかけをしてみるのもよいでしょう。

好きな食べ物が同じだったりすると、調理法やお店の話題で盛り上がります。初対面でもこういった共通点を見つけられると、一気に心の距離が縮んで会話がはずみます。

これは、自分とあまり接点がないと思う人にも使えるテクニックです。たとえば、相手は鉄道ファンだけれど、自分にはまったく鉄道の知識がないという場合。「電車で出かけた先で、いちばんおいしかったものはなんですか?」「どこの駅弁がいちばんおいしかったですか?」といった食べ物の話題なら、鉄道のことを知らなくても会話を広げることができますよね。

相手を知ること。そして、自分との共通点を見つけること。これが、楽しい話題をつくるためのカギです。

会話は言葉で絵を描く芸術

会話というのは、お互いの言葉を重ねながら話を構築していく、とてもクリエイティブな共同作業だと私は思います。

さらに、いつも何気なくしている会話を〝クリエイティブな人脈づくりのための実験〟と考えると、会話力も身につき、楽しめ、あなたの人脈づくりにも役立つことでしょう。

会話の目的は、いかにお互い心地よい時間を過ごせるか、そして、いかに情報交換や新しい発見をすることができるかです。そのためにどんな言葉を口にするか、雰囲気が悪くなったときにどう軌道修正するかなど、考えながら話すこともクリエイティブな実験なのです。

今日はどんな会話ができたか、毎日振り返ってみるのもよいでしょう。

また、私は、会話はアートだと考えています。**言葉で絵を描いて、相手に伝える**というイメージです。

物事や情景をどう伝えるかというのは、とても大切ですよね。私は、**色のついた絵が思い浮かぶような言葉を心がけています。**

次の🅐と🅑をくらべてみてください。

🅐「今日はいい天気ですね」

🅑「通りの桜並木がとてもきれいでしたね」

🅐「このワイン、おいしいですね」

🅑「このワイン、秋にぴったりの余韻のある味わいの赤ですね」

🅑は頭の中に色のついた情景が浮かんできませんか？　たとえるなら、🅐は**モノクロの言葉**で、🅑は**カラーの言葉**といった印象を受けます。

魅力的な言葉を話すためには、このようにできるだけ色のついた場面が思い浮かぶような会話を心がけることもひとつの方法です。

私は自分が発する言葉は音楽だと考えていますが、**相手との共同作業で生まれる会話は絵画のようなもの**だと考えています。頭のなかにその情景が思い浮かぶような会話を心がけると、お互いに会話がより魅力的なものになるはずです。

グループでの会話は「調和」「バランス」が大切

複数人のグループで会話するときは、全員が楽しい気持ちになれるよう、心を配れる女性になりましょう。

何人かの人が集まれば、個性もいろいろです。積極的な人もいれば、引っ込み思案な人もいます。話がうまい人もいれば、話が苦手な人もいます。そんな中で、ひとりでも寂しい気持ち、不快な気持ちにならないよう、心がけましょう。

ポイントは、できるだけ会話のバランスを均等にすること。話してばかりいる人、まったく話さない人が生まれないよう、コントロールします。

そのためには、全員に共通する話題を選ぶことが大切です。たとえば5人で会話すると き、3人にしかわからない話題は避けるか、できるだけ早く切り上げること。グループで いるときにわからない話をされると、疎外感を感じてしまいます。

グループで会話するときに私がよくするのが、**不自然に話しかけるのではなく、誰もが少しずつでも話せるような機会をつくること。**

たとえば、「みなさん、今度の連休はどう過ごされますか?」「みなさんはどんな食べ物がお好きなの?」というようなテーマの問いかけをし、一人ひとりが答えられるよう誘導をします。

これなら誰でも参加できる話題ですし、どなたに聞いても差し障りがありません。「○○さんはいかがですか?」と順に聞いていけば、一人ひとりにフォーカスをあてながら、均等に話すことができます。グループでの会話では、こういった誰でも参加できる話題のほうが、全員で盛り上がったり、話が広がったりしやすいものです。

誰にでも「話したい」という気持ちがあるということを忘れないでください。「自分の話がしたい」というのは、人間として当たり前の欲求です。

中には口下手な人、無口な人がいるかもしれませんが、決して「話したくない」わけではないのです。人の話を黙って聞いているばかりでは、楽しいはずがありません。せっかくその場にいるのに、ひとことも話さないで終わってしまったら、その人は「自分に存在価値がない」と感じてしまうでしょう。

会話のバランスが悪くなると、その場の雰囲気にもひずみが出てしまうもの。全員が均等に話せるような流れをつくることで、その場の雰囲気はかならずなごやかで、楽しいものになります。

全員がなんらかの発信をして、それを共有する。「調和」・「バランス」。グループでの快いコミュニケーションづくりでは、このことがとくに大切です。

対して1対1の会話のときは、2人の共通点をテーマに会話するとよいでしょう。共通の趣味、お互いに興味があることなどをいち早くキャッチして話題にすることがポイントです。1対1の場合、相手の興味がないことを一方的に話してしまうと、相手は逃げ場がありません。1対1だからこそ、2人の共通点を手がかりにして会話を進めると、話がはずみます。

自慢話をしないですむ方法

うれしいことがあったら、誰かに話したいという気持ちがふくらみます。
でも、それが自慢話のように聞こえてしまったら……。相手もあまりよい気持ちはしませんよね。うれしい報告が自慢話に聞こえてしまえば、人間関係にひびが入ってしまうことさえあります。

自慢話に聞こえない話しかたをするには、ちょっとしたコツがあります。
次のⒶとⒷをくらべてみてください。

Ⓐ「懸賞でハワイ旅行が当たっちゃって。これってすごくない？　私って本当にラッキーだよね。そう思わない？」

Ⓑ「実は懸賞でハワイ旅行が当たったの。こんなこと初めてで驚いてしまって……」

Ⓐ「主人が課長に昇進したの。同期ではいちばん早いらしくて、私も鼻が高いのよ。男を見る目、あったよね」

Ⓑ「主人の昇進のお祝いで、今日はがんばってごちそうをつくる予定なの」

Ⓐのような報告をされたら、心から祝福しようという気になれないと感じてしまう人が多いのではないでしょうか？

うれしい報告をする場合は、過度に自分（身内）をほめないこと。Ⓑのように、**事実や状態をそのまま伝える**ようにすると、自慢話に聞こえにくいです。

「うちの子はこんなに優秀なの」「私ってこんなにすごいの」「うちの犬はこんなにかわいいの」……。誰かに伝えたい気持ちはわかりますが、自分の感情のまま相手に投げかけてしまうと、単なる自慢話に聞こえかねません。

「よくがんばりましたね」「素敵ですね」「さすがですね」……。こういったほめ言葉は、当の本人に伝えるようにします。ご主人が昇進したら、ご主人を思いきりほめてあげましょう。友人に向かって自分の配偶者に対するほめ言葉を口にするのは、控えましょう。

うれしい報告をするときこそ、表現に注意します。あまり自分の感情を入れすぎると、トラブルの種にもなりかねません。

せっかくうれしい報告をするのですから、相手にも嫌な気持ちにならずに聞いてもらえる話しかたを身につけましょう。

自分がお礼をいえる会話をする

自然と自分がお礼をいえる会話が盛り込めたら、コミュニケーションの上級者です。

「自分がお礼をいえる会話」とは、たとえば次のようなもの。

「最近引っ越してきたのですが、このあたりでおいしいレストランをご存じですか?」

「おもしろい小説を探しているのですが、最近おすすめのものはありますか?」

「ところでこのスマートフォン、ここの操作がわからなくて……」

こんなふうに、「相手に教えを請うような会話」をしてみるのです。困ったことを相談してみるのもいいでしょう。

人は誰でも、誰かの役に立ちたいという欲求があると思います。つまり、**人に何かを教えてあげることで、よろこびを感じるという気持ち**です（とくに男性は、女性に何かを教えてあげるのが好きな人が多いように思います）。それをうまく会話に利用してみましょう。もちろん教えてもらって知識や知恵が増えるのですから、自分にとってもプラスになります。

たとえば結婚相手のお母さまに「お料理がとてもお上手で、おいしいです。味つけを教えていただけたらうれしいです」などと聞いてみると、よろこばれること間違いなしです。愛妻家の上司なら「結婚生活がうまくいく秘訣はなんですか？」などと聞いてみましょう。

そして最終的に、相手に「ありがとう」といわせるのではなく、**自分が「教えてくれてありがとうございます。とても助かりました」といえるような会話をクリエイトしていく**のです。

こういう会話は場の雰囲気を盛り上げ、話を広げてくれます。さらに、相手に好印象を与えたり、目上の人からかわいがられることでしょう。話題に困ったときにも使えますし、愚痴や悪口など、話の内容がマイナス方面に傾いたときにも効果的です。

ただし、当てずっぽうに聞いてしまうと逆効果になることもあるので、注意が必要です。お料理が苦手な人に「得意な料理のレシピを教えて」、旅行に行かない人に「おすすめの旅行先は？」などと聞いてしまうと、相手が返答に困ってしまいます。

「自分がお礼を言える会話」は、単にほめるよりも上級のテクニック。相手が得意なこと、興味があることを会話の中ですかさずキャッチして、相手がよろこんで教えてくれるような話題を選ぶことが大切です。

知ったかぶりはケガのもと

会話をしていると、自分の知らないことが話題にのぼることがありますよね。そんなとき、「知らない」と思われるのが恥ずかしくて、つい知ったかぶりをしてしまうことはありませんか?

知ったかぶりにメリットなどなく、それどころか、デメリットのほうが大きいです。

知ったかぶりをすると、結果的に話をはぐらかしたり、とんちんかんなことをいってしまうことになります。すると相手は**「あなたがそのことについてよく知らない」ということを無意識に察知**してしまいます。つまり、知ったかぶりが相手に気づかれてしまうのです。

下手に知ったかぶりをするより、知らないものは知らないと答えましょう。

「勉強不足でごめんなさい」と率直に告げ、「よろしければ、教えてくださいませんか?」とお願いしてみましょう。前項でもお伝えしたように、人は誰でも、誰かに何かを教えるのが好きなもの。相手に教えてもらえば、前項の「自分がお礼をいえる会話」も成り立ちます。「聞くは一時の恥、聞かぬは一生の恥」ということわざのように、知らないことは素直に教えてもらい、自分の知識を増やしていくほうが賢い生きかたです。

また、「それ知ってる！」という言葉が口癖の人がいます。まるで世の中に自分の知らないことがひとつもないかのように、人が話をはじめると、つい「それ知ってる！」といってしまうのです。

これもあまり印象はよくないですよね。それに、「これも知ってる、あれも知ってる」という人には、「教えてあげたい」という気持ちが冷めてくるものです。

相手が気持ちよく話してくれるなら、ときには知らないふりをするくらいが、大人のコミュニケーションではないかと私は思います。

初対面の会話であなたの印象が決まる

たとえば初対面の人に「私は料理が大好きで……」と料理の話ばかりしたら、その人にとってあなたのイメージは「料理が好きな人」になります。本の話をすれば「本が好きな人」になります。車の話をすれば「車の好きな人」になるのです。

つまり、**初対面での会話によって、相手に与える印象はかなり決まります。**「たまたまそのとき料理の話をしただけ」であっても、相手には最初の会話が強く印象づけられます。

ですから、とくに初対面のときには、自分を印象づけたい話題を選ぶとよいでしょう。「自分のどんなところをその人に知ってもらいたいか」と考えながら、話題づくりをしていくのがコツです。

たとえば独身の女性が「この人、素敵だな」と思える男性に出会ったとき、初対面であまり品のない話をしてしまったら……。彼にとってあなたは残念な印象の女性になってしまいます。**最初の印象は強烈ですから、挽回しにくい**のです。

ある女性がある席で、初めて会う人たちの前でこんな話をしました。

「この間はつい飲み過ぎちゃって、駅のホームで眠りこけてしまったの」

いつもはとても礼儀正しくて素敵な彼女ですが、初対面でこの話を聞いた人たちは、彼女のことを「お酒を飲むとだらしなくなる人」と強く認識してしまったそうです。

また、自分を下げたり、自虐的な話をしたりして場を盛り上げようとした結果、逆に盛り下げてしまったという体験がある人もいるでしょう。

こういった話をする人は、サービス精神が旺盛で、気づかいのできる人でもあると思いますが、やりすぎると相手にマイナスイメージを与えてしまいます。

自虐的な話題、自分を下げる話しかたは、**度が過ぎれば自分の価値をも下げる**ことにつながると思います。

場の雰囲気を盛り上げようとして、調子に乗っていわなくてもいいことまでいってしまうと、相手が引いてしまったり、能力や人格までも疑われかねないでしょう。これでは、せっかくの気づかいがもったいないですよね。

ときには笑い話になるような失敗談を軽く織り交ぜて、場をなごませる程度ならよいですが、相手に共感してもらえないような内容は控えましょう。

おつきあい上手はお断り上手

誰でもときには、相手からのお誘いを断らなければならないことがあるでしょう。

日本人は断るのが下手だとよくいわれます。

誘ってくれたのはうれしいけれど、苦手なジャンルの食事や映画など、お誘いの内容自体に積極的になれない場合がありますよね。こういった気乗りのしない誘いにも、ついイエスといってしまう人が多いようです。

でも、無理してつきあったり、楽しくないのに楽しいふりをするのは、相手に対して失礼。ですから、気乗りのしないお誘いは、やはりお断りしたほうが、逆にいい関係性が保てると思います。

ただし、**絶対に忘れてはいけないのは、「お誘い、ありがとうございます」という言葉。**

誘ってくださった相手の好意に感謝をあらわすことが何よりも大切です。お礼の言葉から入ることで、逆に断りやすくもなるのです。

お誘いの内容が自分と合わなかったとしても、ネガティブな表現は避けましょう。「その映画は見たくない」「そのお店は行きたくない」などとはっきり理由をいってしまうと、相手が大切にしていることを否定することになります。そして相手は、自分自身が拒絶されたような悲しい気持ちになってしまうのです。何度も同じ誘いを受けるようなら、遠回しに苦手だと伝えることも大切です。

そして、**一度断ってしまったら、今度は自分からお誘いしましょう。**

人間関係はバランスが大切です。誘いを断られた側は、どうしても自分を否定されたような感情が生まれやすいものです。いつもどちらかが誘ってばかりで、どちらかが誘われてばかりだと、誘う側に「私は嫌われているのかしら？」という気持ちが生まれ、いつかその関係性にひずみが生まれがちです。どうしても誘うのが苦手な場合は、「今回はとても残念だけれど、また誘ってくれたらうれしいです」という言葉を忘れずに。

もうひとつは、苦手な人から誘われた場合。

誰にだって、気の合わない人はいるものです。無理しておつきあいを続けると、ストレスがたまって、マイナスの心を育むことになります。そうすると、顔つきや雰囲気にもマイナスオーラが漂ってしまいます。そもそも、合わないなと感じる人とは長続きしないものです。

これらのお断りのシーンに便利な、オールマイティな言葉があります。

それは**「都合がありまして」**という、いい回し。

この「都合」という言葉には、さまざまな意味が含まれます。

「その日はほかに用事がある」「金銭的な余裕がない」といった〝物理的な事情〟はもちろん、「その場所に行くのに気乗りがしない」「相手のことが苦手だ」という〝心の事情〟にも当てはめることができます。

お断りをするにも、嘘はつきたくないし、「行きたくない」「したくない」というネガティブな表現も使いたくないですよね。

そんなときは、「お誘いありがとうございます。とても残念ですが、都合がありまして……」と答えれば、角が立ちにくくなります。

苦手な人とのつきあいかた

本当に気の合う、親友のような関係になれる人など、そう簡単に出会えるものではないと思います。人とのつきあいかたの中で、「この人のここは好きだけれど、ここは苦手だな……」と感じるのは、当たり前のことです。

苦手な人とのコミュニケーションを100パーセント遮断してしまうことは、コミュニケーションの幅を狭めることにもなると私は感じ、あまり賛成しません。

もちろん、無理しておつきあいをする必要はありません。でも、嫌いだから、苦手だからという理由で故意に無視をしたり、無愛想にしたりすれば、その人との関係性はゼロになってしまいます。

そしてそれはお互いにとって居心地の悪い状態ですから、非常に残念なことです。不要ないさかいや、いざこざを引き起こしてしまうことにもなりかねないでしょう。

たとえ苦手な相手でも、「笑顔であいさつする」。これだけでも勇気を出してみてください。

「おはようございます」「こんにちは」「さようなら」と笑顔であいさつをすれば、その人との良好な関係は保てます。**きちんとごあいさつさえできていれば、無理におしゃべりしたり、嫌々お誘いにつきあう必要はない**のです。

また、一緒に遠出をするのは気が重いけれど、お茶を飲むくらいなら大丈夫という人間関係もあります。よい人間関係を築くためには、その人との**心地よい距離感、境界線を見極める**ことも大切です。

ベストなおつきあいは、相手によって違います。

「とても気が合うから、旅行に行っても楽しく過ごせる」「趣味はあまり合わないけれど、食の好みが近いから食事を楽しめる」「長い時間一緒にいると気疲れするけれど、お茶を飲むくらいなら楽しく過ごせる」「この人は本当に苦手だから、ごあいさつだけしておこう」などなど。

コミュニケーションは、鏡のようなもの。無視したり、意地悪したりすれば、それが波紋や不協和音となって、すべて自分に返ってきます。

たとえ苦手なところのある人でも、自分なりの境界線を決めて、**その範囲でにこやかに、**

楽しくおつきあいをすれば、お互いに心地よい時間が過ごせるのです。

激しい攻撃の矢をかわす方法

ときには、誰かに激しく攻撃されたり、身に覚えのないことで責められたりすることもあるでしょう。

そのときの状態というのは、相手がこちらに向かってまるで次々と火のついた矢を放っているような状態です。こちらも応戦して矢を放ってしまったら、どうなるでしょうか？そう。戦争がはじまってしまうのです。

相手に攻撃されたときは、「ほほ笑んで、スッと後ろに体を引く」ようなイメージで対処しましょう。

激しく攻撃してくる人というのは、「感情が先に立ってしまう癖がある人」ととらえるようにしてみてください。かならずしも悪意があったり、意地悪でしているのではないことも多いと私は思うのです。

ですから、そこで同じように感情的になってしまったら、取り返しのつかない事態にまで発展してしまいます。

以前、私の娘がバレエスクールで、あらぬ疑いをかけられてしまったことがありました。相手のお母さまから電話をいただき、機関銃のような勢いで攻撃されたのです。

でも、そこで「うちの娘がそんなことをするはずがありません。そちらのお子さんが嘘をついているのではないのですか?」などと返してしまったら、そのお母さまとの仲は決裂してしまうでしょう。お互いに傷ついて、修復不可能になってしまいます。それに、自分の子どもの言葉を信じたい気持ちは、相手も自分も同じなのです。

ですから私はまず、ごくおだやかな調子で、こんなふうに応えました。

「いいづらいことをよく知らせてくださいました。本当にありがとうございます」

そして、「娘にも確認してみますね」と続けました。

すると、相手の矢はすっかり折れてしまいました。先ほどまでの烈火のごとき勢いはなくなり、やさしい口調で「そうよね。そうしたほうがいいわよ」とおっしゃったのです。もともと姉御肌で気持ちのよい性格のお母さまでしたから、その後は誤解を解いて仲直りすることができました。仲直りできただけでなく、「何かあったら力になるからね」とおっしゃってくださり、頼もしい味方にもなってくださいました。

娘には、「たとえ潔白でも、相手に疑われるような行動をとってしまったことは事実。だから相手を恨んだり責めたりせず、今後は自分自身の振る舞いに気をつけましょう」と諭しました。

実際、相手に苦言を呈するというのは勇気がいるもの。まずは相手の気持ちを受け止めて、感謝する。これができれば、**大きなトラブルに発展することは少なくなります。**

激高している相手に対して同じような態度をとってしまったら、解決がむずかしくなってしまいます。激高しやすい、感情的になりやすいというのもその人の個性なのだと考えて、相手の気持ちを考えた対応をすれば、かならずよい方向に向かうと私は思うのです。

話したくないことを聞かれたときは

会話をしていると、話したくないことをたずねられてしまうことがあります。

お金にまつわる話、家族の話、自分の過去の話……。

誰にだって、話したくないことはあるものです。たとえ仲のよい友人であっても、なんでも話す必要はないと思います。

かといって、無理に話題を変えるのも不自然ですし、ごまかしたり、嘘をついたりするのも心地よくないもの。はぐらかせばはぐらかすほど、突っ込んでくる人も中にはいます。

そんなときは、自分の心の問題として考えてみましょう。

自分がそのことについて話したくないのはなぜでしょうか?

話したくないということは、**心の整理がついていない、自分でも納得できていないというくつかの理由がある**からだと私は思います。ですから、そのことを正直に相手に伝えてみるのもひとつの方法です。

「そのことに関しては、まだ自分の中で整理がついていないの。話せるようになったら、お話しするわね。ごめんなさいね……」

このように、「話せるようになったら話す」というニュアンスを伝えれば、相手もそれ以上追求することはなくなるでしょう。それに相手も、「いいたくないことを聞いてしまってごめんなさいね」となり、会話も円満に運びはじめると思います。

実際に、いまは深刻な悩みであっても、時がたてば話せるときがくることもあります。それは1年後かもしれないし、10年後、20年後かもしれないけれど、きっと、笑って話せるときがくると思います。

単に話せないといったり、言葉を濁したりすると、「あなたには話せない」というように誤解されることもあります。「私にだけ話してくれないのね」と思われないよう、**「自分の心の問題で話せないのだ」ということを相手にていねいに伝えることがカギ**です。

それでもぐいぐいと心に土足で踏み込んでくるような相手、勝手な憶測をするような相手であれば、少し距離を置くという選択肢も考えましょう。

逆にこちらの事情を理解してくださるような相手であれば、今後も心地よいコミュニケーションがとれるとわかります。

よい印象を残す去り際のエレガンス

最初にお会いしたときと同様、別れ際というのは人の心に残るもの。別れるときの印象がよいと、相手の心にも温かい印象が残ります。

でも、意外にむずかしいのが、話の切り上げかた。そろそろお暇《いとま》したいのにいい出せない、あとに予定があるのに切り出せない……という人が多いようです。

話を切り上げるときは、タイミングがとても大切です。相手の話の腰を折らないよう、話が一段落したところでアクションを起こしましょう。とはいえ、頻繁に時計を見る、茶器などを片づけるのは失礼にあたります。

やはり伝わりやすいのは、「それでは……」「そろそろ……」などの言葉です。

さらに体の動きを連動させると効果的です。お話をしているときは、体が自然と少し前のめり気味になりますよね。そこで**居ずまいを正すように、少し体を引き、姿勢をまっすぐ**にします。これで、「はい、それではそろそろ……」というニュアンスを相手に伝えることができるのです。

ちょっとした体勢の変化ですが、**自然に切り上げるタイミングを知らせることができます。**楽しいおしゃべりの場を切り上げるのですから、言葉だけだときつい印象になりがちですが、このように体の動きを連動させることで、空気がやわらかくなります。

仕事で数名で取引先を訪問したときなど、誰かが体を引いたら、「もうそろそろ……」の合図という感じで使うと便利ですよ。

そしてかならず、「楽しい時間をありがとうございました」「お忙しい中お時間をいただきましてありがとうございました」など、**楽しい、有意義な時間を過ごせたことへの感謝の気持ち**も忘れずに伝えましょう。

「さようなら」「失礼いたします」などの別れの言葉と一緒に、体をゆっくり傾け、相手におじぎをします。第2章でお伝えしたように、これは深々とするよりも、ゆっくりするのがポイント。さらに、「名残り惜しいのですが」「どうぞお気をつけて」といった言葉をつけ加えてみるのもいいですね。

最後に、別れ際で大切なのが、「お見送り」です。

駅などでお別れするときも、「それじゃ」とすぐさま背を向けられると、少し寂しい気持ちになりませんか？

別れ際では、相手の姿が見えなくなるまでお見送りしましょう。

相手がタクシーなどに乗ったとき、駅で友人と「さようなら」をするときも、私は相手が見えなくなるまで見送ります。お部屋や玄関でお別れするときは、ドアが完全に閉まるまで笑顔を忘れずに。ほんの数秒～数十秒のことですが、**ていねいな人だなという印象、よい時間が過ごせたという満足感が相手の心に残ります。**

去り際こそ、あなたのエレガンスを光らせるチャンス。楽しい時間をより素敵な思い出に変えられるよう、おろそかにしないようにしましょう。

人間関係を終わらせるひとこと

「口は災いのもと」といいます。人間関係のトラブルというのは、ほとんどが「口から出た言葉」によって起こるものだと思います。

不用意な発言によって、嫌われてしまったり、その人と絶交してしまったり……というような残念なケースはあとをたちません。

ここでは、ついつい口にしてしまいがちだけれど、それをいったら人間関係を終わらせてしまうこともあるという〝地雷〟の言葉を紹介します。

まず、いってはいけないのは、相手が大切に思っている人（家族や友人）や大切に思っていること（趣味など）などに対する悪口やマイナスの指摘です。

たとえば友人が「私の母ってだらしないのよね」と話したとき、「そうね。あなたのお母さまってたしかに掃除は苦手みたいよね」というのは厳禁です。「そんなことないわよ。

いつもきれいにしていらっしゃるじゃない」というのが、人間関係の定石なのです。

なぜならこの場合、友人は**あなたに共感や同調を求めているわけではなく、軽い愚痴を聞いてほしいだけだから**です。

また、結婚相手のお母さまが「息子は頑固で大変でしょう」といったら、「そうなんです。すぐに意地を張るから大変なんですよ。この間も……」ではなく、「でも、意志が強くてとても責任感がありますよね」と返しましょう。息子のことを悪くいいたい母親などいません。お母さまは謙遜しているだけなのです。

素直に同意してしまったら、険悪なムードになってしまうこと請け合いです。とくに結婚して義理の家族ができると、こういった会話の場面が増えるので注意しましょう。好きなことや好きな人のことをけなされたら、誰だって心おだやかではいられないと思います。「自分から話を振ったくせに」といいたいところかもしれませんが、こういった場合はかならず大人の会話を選びましょう。コミュニケーションでは**「相手が何を求めているか」**を考えるのも大切なことです。

また、ついいってしまいがちなのが「そんなこと、どうでもいいじゃない」という言葉。何気なく口にしてしまったこの言葉が、相手を傷つけてしまうこともあります。

相手の優先順位と自分の優先順位は違います。相手が大切にしていること、大切にしているスタイルは何かを考えながら対応しましょう。

そしてもうひとつ。**「○○さんがいっていた」という言葉を軽はずみに使わないようにしましょう。**

「私はこう考えた」「私はこう感じた」という自分の気持ちの発言なら、100%自分で責任をとることができますよね。でも、「○○さんがいっていた」というのは、自分の言葉ではありません。

たとえば、次のような言葉をどう思いますか？

「Aさんは部長のことが嫌いだっていってたよ」

言葉というのは、発言したときの場の雰囲気や前後の文脈によってニュアンスが変わってきます。この場合、Aさんが本気で部長さんのことを苦手に思っているのか、それとも冗談めかして軽い気持ちでいったのかは、その場にいた人しかわかりません。前者と後者では、言葉の意味はずいぶん違ってきます。

ですから、あとから第三者によって言葉を切り取って伝えられると、かならず誤解や齟《そ》齬《ご》が生まれてしまいます。嘘をついたわけではないのに、真実ではないことが相手に伝わってしまうのです。

軽い気持ちで誰かの言葉をほかの誰かに伝えれば、それがいいつけや悪口に変わってしまうこともあります。場合によっては、取り返しのつかない大きなトラブルに発展することもあるのです。**「自分が発した言葉」には最後まで責任を持つこと。**これは大人の会話術の鉄則です。

ただし、ほめ言葉の伝聞だけは別です。

「そういえば、部長があなたの仕事ぶりをほめていたわよ」といった伝聞なら、誰も嫌な気持ちになりませんよね。むしろ、ほめ言葉は本人から直接聞くよりも、伝聞形式で聞いたほうがうれしく感じられるもの。自分のいないところでほめてくれたのだから、お世辞ではなく本気の言葉だと感じるのでしょう。

ほめ言葉は陰口にはなりません。いうなれば、**陰ほめ**です。プラスの言葉ならトラブルには発展しませんし、まわりの人間関係を円滑にさせることができます。

親しいからこそ、忘れてはならない2つのこと

「親しき仲にも礼儀あり」という言葉がありますよね。

家族や仲のよい友人など、心を許せる人たちの前では、誰でも精神的にリラックスします。だからこそ、ついつい気がゆるんでしまって、大切な礼儀を忘れてしまうことがあります。

本当に親しい人、大切な人だからこそ、次の2点を大切にしましょう。

1. かならず合意をとること

親しくなればなるほど、相手のことを理解しているつもりになってしまいます。そして、「話さなくてもお互いわかっているから」「きっとあの人もこう思っているはずだから」と

いう思いが強くなってしまいがちです。

そうなると、相手の意向を確認せずに、自分の判断で物事を決めてしまうといったことが起こります。勝手に出かける予定を立てたり、大事なことを話し合いもせずに決めてしまったり……。それは、相手に対する甘えと、自分勝手な振る舞いのあらわれです。自分の行動や意思などを勝手に決めつけられてしまうと、誰でも「自分を無視された」と感じてしまうと思います。

自分だけで完結することならともかく、少しでも相手にかかわることは、かならず合意をとりましょう。大切な人だからこそ、まずは気持ちを尊重することを忘れないでくださいね。

2 「ありがとう」の言葉を頻繁に口にすること

家族や友人など、一緒にいる時間が長い人ほど、「○○してもらうのが当たり前」になってしまいます。最初のうちは「ありがとう」と伝えていたのに、何度かいい忘れているうちに、いわないことが当たり前になってしまうのです。

「誘ってくれてありがとう」「送ってくれてありがとう」「手伝ってくれてありがとう」。

どんな小さなことでも、「ありがとう」という感謝の言葉を忘れないようにしましょう。「自分ばかりお礼をいっている」なんて思わないでください。言葉は伝染するものですから、あなたがたくさんの「ありがとう」を伝えれば、相手も自然と「ありがとう」の言葉を口にするようになります。「ありがとう」が合言葉になっているような関係性が築けたら、素敵ですよね。

「ありがとう」は幸せを伝える美言葉です。できるだけたくさん口にしましょう。

「沈黙は金なり」は間違い

「沈黙は金なり」ということわざがあります。

でも、現代社会のコミュニケーションにおいては、かならずしも「沈黙は金なり」とはいえないと私は思います。「あうんの呼吸」というように、言葉など交わさなくても意思疎通ができるという時代ではないからです。

行動半径や交友関係が狭かった大昔と違い、現代ではたくさんの人とコミュニケーションをとる必要があります。

家族、友人、同僚、上司、親戚……など、誰しもたくさんの人間関係をもっています。こういった複雑に交差する現代の人間関係においては、沈黙は金どころか、「闇」になります。黙っていては、何を考えているかわかりません。自分のこともわかってもらえないし、自分の考えも理解してもらえず、「疎外感」という心の闇が生じてくることさえあります。

沈黙は、頑《かたく》な、偏屈、不信、嫌悪といったマイナスイメージにもつながり、さらには、誤解や衝突へと発展してしまうことさえあります。コミュニケーションをシャットアウトし、相手にとっては拒絶されていると感じさせてしまう行為でもあると思います。

コミュニケーションの場では、言葉のエネルギーが循環しています。沈黙を続けると、よいエネルギーの流れが止まってしまいます。つねに空気が心地よく、おだやかに動いているような状態をつくることが大切です。

現代は、きちんと言葉でコミュニケーションをとって、伝えあう時代。**自分の言葉に責任を持ちながら、自分から働きかけることが、幸せに生きるコツです。**話すのが苦手だという人も、あいさつと笑顔だけは忘れないようにしましょう。

美言葉Lesson4

人称編

ここでは、人を示す人称を中心に紹介します。ふだんからこういった呼びかけができると、目上の人から一目置かれること間違いなしです。

あなた、あんた	→○○さん
あたし、うち	→わたし、わたくし
あんたたち、あんたら	→あなたたち
うちら、あたしら	→わたしたち、わたくしたち
旦那さん	→ご主人さま
嫁さん	→奥さま
娘さん	→お嬢さま
息子さん	→おぼっちゃま、ご子息
お兄さん	→お兄さま
お姉さん	→お姉さま
弟	→弟さま
妹	→妹さま
おばさん	→おばさま
おじさん	→おじさま
おじいさん	→おじいさま
おばあさん	→おばあさま
お母さん	→お母さま
お父さん	→お父さま
男	→男性
女	→女性

第5章

愛される

愛される極意は美言葉Wの組み合わせ

コミュニケーションにおいて、お礼やあいさつは不可欠です。

「ありがとう」「こんにちは」……といった言葉は、みなさんも毎日当たり前のように使っていると思います。そこで、それだけで終わらせず、**もうひとつ素敵な言葉を重ねることで、相手の心に残ります。**

これを私は、「美言葉W《ダブル》」と呼んでいます。

美言葉Wの基本形は、

「ありがとうございます」＋「うれしいです」

このように、「感謝」と「よろこび」というプラスの言葉をダブルで使うことで、より相手に真心が伝わりやすくなります。

ただ「ありがとうございます」で終わらせるよりも、「ありがとうございます。うれしいです」と言葉を重ねると、相手のお顔もふわっと笑顔に変わって、とてもよろこんでくださるのがわかります。この美言葉Wを使うと、めったに笑わないような年配の男性でも、お顔がほころぶのを感じます。

ほかにも、

「こんにちは」＋「お元気ですか？ or お元気でしたか？」
「ありがとうございます」＋「お会いできてうれしいです」
「さようなら」＋「楽しい時間をありがとうございました」

基本的には、お礼やあいさつの言葉に、**自分のポジティブな気持ちをプラス**するとよいでしょう。

たとえば、友人を映画やコンサートに誘うときは、「いかがですか？」＋「ご一緒できたらうれしいです」といってみましょう。そうすると、その誘いが社交辞令ではなく、「あなたと行きたい」ということが相手にしっかり伝わりますよね。このひとことで、相手も自分も、約束の日がよりいっそう楽しみになります。結果的に、その日一日が何倍も楽しく感じられると思います。

自分がよく使う美言葉Wをたくさんつくって、ワンセットにして体に染み込ませてしまうといいですね。

最強の愛され言葉は、「美言葉W」＋「あなたの素敵な笑顔」です。これを癖にしてしまえば、誰からも愛される女性になること間違いなしです。

口癖にしたい愛されフレーズ

ぜひ、みなさんに口癖にしてほしいフレーズがあります。

それは、**「いかが**（かしら or ですか）**?」**という言葉。

このフレーズは、実にさまざまな場面で使えます。

たとえば、相手にお茶や食事をおすすめするとき、「お茶のおかわり、いかが？」「お食事でもいかがですか？」などと使えます。それから、相手の意向をうかがうとき、「今週末のご都合はいかがかしら？」「こちらの色はいかがですか？」「どちらもおすすめですが、いかがなさいますか？」などと使えます。「ご機嫌いかがですか？」「いかがお過ごしでしたか？」など、応用もたくさん。

「いかが？」は「どう？」「どうぞ」に置き換えられる言葉ですが、「いかが？」のほうを癖にしてしまえば、やさしい響きで品があり、相手を敬う気持ちもあらわせます。これだけで、ぐんと女性らしさ、やわらかさ、おだやかさが伝わります。

仕事でも「企画書の件はどうですか？」よりも、「企画書の件はいかがですか？」とすれば、あなたの印象は格段にアップするでしょう。

また、人に何かをおすすめするときも「これどうぞ」よりも「これ、いかがですか？」としたほうが、相手の気持ちを尊重したやわらかい提案になります。

そしてもうひとつが、**「ようこそ」**というフレーズです。

みなさんはお客さまをお出迎えするとき、どんな言葉を使っていますか？

「いらっしゃい」「どうぞどうぞ」など、軽くすませていませんか？
「ようこそおいでくださいました」
「今日はようこそいらっしゃいました」

笑顔でこんなふうにいえば、相手に歓迎の意を明確に示すことができます。

ようこそというのは、英語ではWelcomeにあたります。たずねてくださったことに感謝やねぎらいの意をあらわす言葉です。温かくて、やさしい、素敵な日本語なのに、実際に使っている人はあまりいないように感じます。**「使い慣れていないから使えない」**という人が多いのではないでしょうか？

ご自宅だけでなく、会社などでもお客さまをお迎えするとき、ぜひ満面の笑顔で「ようこそおいでくださいました」と話しかけてみてください。きっと「この会社にはなんて素敵な人がいるんだろう」と思っていただけることでしょう。

私自身、自宅にお客さまをお迎えするとき、レッスンで生徒さんをお迎えするとき、講演などでお話しするとき、かならず感謝の意を込めて、「今日はようこそいらっしゃいました」というフレーズを使います。

ある生徒さんから「先生のあの言葉で、毎回レッスンに行くのが楽しみでした。あんなふうに温かく迎え入れてもらったことがなかったので、気持ちが温かくなりました」というう、うれしいお手紙をいただいたこともあります。

ほんのひとことですが、あなたの真心が伝わるフレーズです。身につけてしまえば、あなたの頼もしい味方になってくれることでしょう。ぜひ、実際に何度も使って、口癖にしてみてくださいね。

また会いたいと思われる人の心づかい

ひとりでデスクに向かっているとアイディアがまったく浮かばないのに、誰かと会話をはじめたとたん、次々とよいアイディアがわき出てくるといったことはありませんか？

会話をするとき、私たちの脳は活性化して、とても複雑な働きをしています。

人の話を理解しながら、自分の考えをまとめ、声に出して表現する。相手の反応を見ながら、臨機応変に受け答えする……。

何気ない会話であっても、脳のさまざまな分野が働いています。だからこそ、会話することで思いがけないよいアイディアに恵まれることがあるのではないでしょうか。

会話というのはすなわち、脳を活発に働かせることだといっても過言ではないと私は思います。

会話をするとき、私は次のようなことをつねに考えています。

・相手と自分の**両方の心**がハッピーになるようつとめる
・話の**全体の流れ**を把握する
・**相手の意図**を見極める
・ひとつひとつの言葉に対する**相手の反応**を見て、話を続ける
・話が脱線したら、**もとに戻す**配慮をする
・会話が**マイナスの方向**に流れないよう努力する
・相手の性格、志向、状態なども考慮したうえで、**話題を選ぶ**
・**不機嫌**そうな人、**退屈**そうな人、**寂しそう**にしている人がいないか確認する
・その場にいる**全員の様子**をうかがいながら、話を進める
・相手の心の状態だけでなく、**体調**（のどが渇いていないか、暑い・寒いなどはないか）などにも気を配る
・つねに**終了時間**を気にかける

ただ漫然と話すのではなく、このようなことを心がけていくと、「会話をして楽しい人」「また会いたいと思われる人」になれると思いませんか？

ビジネスの場合は、次のようなこともプラスします。

- **よりよい結論**につながるような会話をする
- **有益な会話**ができるようつねに配慮する
- **時間配分**を考慮する

そのほかにも、相手が話したいことをキャッチしてうながしたり、会話の流れをコントロールしたり。もちろん、不用意に相手を傷つけるような発言をしないよう注意することも大切です。

そう考えると、会話というのはまさに脳のエクササイズです。会話をしているとき、私の脳はつねにフル回転しています。

本を読む、勉強するといったことだけでなく、頭を働かせて会話をすることは、脳をいきいきと働かせるためのよいエクササイズになると私は考えています。会社のミーティングや取引先との打ち合わせなどでも、「よし、これから脳のエクササイズをしよう！」と考えて、頭をフル回転させて会話すると、思わぬよい結果に恵まれるかもしれませんね。

名前を呼ぶだけで、相手に好かれる

会社で上司から、「きみ、コピーをとっておいて」といわれたら、どう思いますか？
「私じゃなくてもいいような気がする」「自分を認めてもらっていないようで悲しい」と感じる人も多いと思います。

では、「〇〇さん、コピーをとっておいてください」といわれたらどうでしょう。素直に上司の指示に従えるような気がしませんか？

人は誰でも、名前をもっています。

だからこそ、会話をするときには、相手の名前をきちんと呼ぶようにしましょう。このことは、**相手を尊重するささやかな気づかい**だと私は感じます。

「今日は〇〇さんにお会いできて、本当にうれしいです」
「さきほど、〇〇さんがおっしゃっていたように……」

「○○さんの今日のネクタイ、とても素敵ですね」
「○○さん、お茶のおかわりはいかがですか？」

「あなた」「きみ」といった二人称ではなく、「○○さん」という相手の名前を散りばめながら会話をすると、**相手は「自分の存在価値を認めてもらえた」と感じます。**結果、お互いの信頼関係が深まると思うのです。

これは、仕事でも、友人関係でも、家族でも同じです。

長年一緒にいる恋人やご夫婦が、だんだん名前を呼ばなくなってしまうという話をよく聞きます。相手に呼びかけるとき「ねえ」や「ちょっと」ですませていませんか？　私は、相手から「おい」「あんた」「おまえ」と呼びかけられたら、なんだか軽く扱われているような感じがしてしまいます。

夫婦の間でも「○○（さん）」と、きちんと名前で呼びかけましょう。そして、相手の名前をたくさん会話に散りばめて話しましょう。私は今年結婚24年を迎えますが、いまでも夫のことを「○○○さん」と名前で呼んでいます。

たとえ親しい間柄でも、きちんと名前を呼びあうことで、いつまでも新鮮ないい関係を築きやすくなります。

とはいえ、複数の人が集まるパーティや懇親会などでは、どうしても相手の名前が思い出せないことがあります。前にお会いしてから時間がたつと、どうしても名前を忘れやすくなってしまうものです。

私はいつも、お会いする（しそうな）人のお名前は、事前にチェックして思い出せるようにしています。複数の方にごあいさつしなければならないときは、念のため小さな紙にお名前をメモしてバッグや手帳などに忍ばせておきます。

言葉の効果を10倍にする方法

私はなぜか、ご年配の方、目上の方に親切にしていただいたり、かわいがっていただけることが多いのです。お食事やパーティなど、さまざまな楽しい集まりに誘っていただいたり……。

そしてその方たちに、「いつもきちんとあいさつをしてくださいますね」という言葉をかけていただくことがあります。

そのときは、「なぜ私だけがそんなことをいってもらえるのだろう。ほかの方たちだってきちんとごあいさつしているのに……」と感じたのですが、あとから、ひとつ気づいたことがあります。

それは**「話すスピード」**でした。私はいつも、ゆっくりと、心を込めてごあいさつすることを心がけていました。同時に、ほほ笑みながら相手のお顔をしっかり見て、ゆっくりとおじぎをしていました。

恥ずかしさからか、「ありがとうございますっ！」「よろしくお願いしますっ！」と早口でいう人がいます。それでは、せっかくの真心が伝わりにくくなってしまいます。「ありがとうございました」のひとことをいうとき、早口でも、ゆっくりな口調でも、1、2秒の差しかありません。それなら、相手に伝わるお礼のほうがお互いにとってプラスだと思いませんか？　お礼の気持ちがしっかり伝わり、相手もよろこんでくださるのですから。

ゆっくり話すだけで、相手を敬っているという態度に感じられます。相手は「この人は私にきちんと礼をつくしてくれている」という気持ちになるのです。私の指導経験では、早口で話されると、「私は軽んじられている」「大切に扱ってもらえてない」と感じてしまうという生徒さんもいました。

とくにあいさつやお礼は、「どんなふうにいったか」が大切です。口に出すときはゆっくりと心を込めて、さらに笑顔やおじぎなどのボディランゲージをくわえることで、あなたの言葉の効果は10倍にも、20倍にもなります。

たとえば、面接のとき、彼のご両親に初めてお会いするときのように、大事なときこそあいさつが早口にならないよう気をつけてください。ゆっくりあいさつできただけで、あなたの印象は確実にアップするはずです。

相手に寄り添うような話しかた

私はコミュニケーションをとるとき、〝相手の心に寄り添う〟ということを信条にしています。相手の心に寄り添うというのは、ひとことで説明するのはむずかしいのですが、わかりやすくいうなら、**心の深いところにある人の痛みを理解するということ。相手の気づかない無意識の部分まで考えるような「心がけ」のことです。**

たとえば、いまは高齢化社会で、ご家族の介護をしている人が増えています。私自身、現在主人の母の介護をしているからわかるのですが、たとえば介護経験のない人が「介護って大変ですよね」というのと、介護経験のある人が「介護って大変ですよね」というのとでは、同じ言葉でも、言葉の重みがまったく違うように感じます。

震災で被害に遭われた人、事故に遭われた人などもそうでしょう。自分が体験していないことについて共感しようとすれば、どうしてもうわべだけの言葉に聞こえがちです。

自分がなんらかの形で同じような経験をしたことであれば、相手により深く共感したり、同感したりできます。でも、自分が経験したことがないことについて、軽い気持ちで「わかる、わかる」「大変だよね」などといえば、相手の気持ちを逆なでする場合もあります。相手の心のどこかで、「経験していない人にはわかるはずがない」という気持ちが芽生えてしまうこともあるでしょう。

ですから、私は**自分が体験していないことをむやみに語らない**ようにしています。たとえば、私に介護経験がなければ、「介護って大変ですよね」とはいいません。

自分が経験したことのないご苦労をされている人には、「どんなことが大変なんですか？」「私が力になれることはありますか？」などと話しかけるようにしています。

ときには、とことん話を聞くことで相手の気持ちが楽になることもあります。「大変だよね。わかるよ」とうわべの共感をするよりも、相手が納得するまで話を聞いたうえで、心を込めて「そうですか。ご苦労されたのですね……」と伝えるほうが、その人の心に寄り添うことができるような気がします。

相手に寄り添うように話すというのは、究極の大人の会話です。

相手の気持ちに寄り添うためには、人生で得られるたくさんの経験が生きてきます。あなたの日々の経験が、よりよいコミュニケーションの糧《かて》となるのです。

落ち込んでいる人をなぐさめるとき

ときに、落ち込んでいる友人や家族をなぐさめたいというときがありますよね。

そんなとき、あなたはどんなふうに相手に話しかけますか？

そんなときも、私は相手に〝寄り添う〟ことを大切にしています。

この場合の〝寄り添う〟というのは、ななめ後ろからそっと肩を抱いてあげたり、背中にやさしく手をおいてさすってあげたりするようなイメージです。真正面からぶつかりあうようなことはしません。

「どうしたの？」「何かあったの？　話してみて」というような詮索するような問いかけも控えます。

相手は明らかに元気がなく、落ち込んでいます。そして本当に悲しいことがあったときは、その内容を話したくないことも多いはずです。言葉にするだけで、悲しみがあふれてくるようなこともあるでしょう。そんなときに理由を話せというのは、相手にとっては酷なことだと思うのです。

私は、こんなふうに相手に伝えます。

「何かつらい、悲しいことがあったのね……」

「この間あなたに助けてもらったから、今度は私が力になりたいの」

大切なのは、**無理に話をうながさないこと。そして、「あなたの力になりたい」「何があっても私はあなたの味方」ということを伝えること。**そばにいてくれるだけでありがたいという場合もありますから、そんなときは、ただ寄り添うだけでいいと私は思うのです。

大切なことは、相手の悲しみが癒やされて、少しでも心が明るくなること。一緒に解決できたら最高ですが、話すことを無理じいするのは控えましょう。

話すときの席も大切です。第2章でお伝えしたように、真正面に座らず、隣の席やななめ前の席に座るようにしましょう。家族や親しい友人なら、ベッドやソファの横に座って、なぐさめるのもよいでしょう。本当につらいときは、真正面に誰かがいるだけで、攻撃されているような、責められているような不安な気持ちが増してしまいます。

まずは相手が安心できるような空間づくりをすることが大切です。

自分の思いどおりになる人はいない

相手が自分のことをわかってくれないと、いらだってしまうこともあるでしょう。

また、相手が自分の期待した答えを返してくれないことに、悲しい気持ちになってしまうこともあるでしょう。

ときには相手が、気分を害するようなことをいってくることもあるでしょう。

でも、それが「ふつうのこと」と考えるようにしてから、私は心の落ち込みが減りました。

なぜなら、すべての人は唯一無二の存在であり、まったく同じ人などいないからです。

100パーセント自分の思いどおりになる、100パーセント同じ考えの人はいない
……と私は考えています。

そう思いはじめると、相手と意見が分かれることも当たり前で、心のいらだちも、自分の中で徐々にコントロールできるようになります。

そう認識を変えて考えてみると、「どうしてわかってくれないの？」「どうしてそんなことをいうの？」という相手に向けた怒りや不満は、あまり意味のない感情だったと次第に思えてきます。

つまり、相手に自分の真意が100パーセント正しく伝わることのほうが、稀《まれ》なことだと私は思うのです。「私はそういったじゃない。どうして聞いていないの？」と考えるのではなく、「どのくらい理解してくれたかしら？」といった気持ちで話すくらいでちょうどいいのだと思います。

どんなに科学技術が発達したとしても、相手の心を100パーセントのぞくことは残念ながら誰にもできません。

仲のよい友人や恋人、またはご夫婦であっても、相手の本当の気持ちを知ることなどできなくて当然だと思うのです。

「私たちはわかりあっている」と思い込まないことこそが、円満な人間関係を保つ秘訣でもあると私は感じます。この考えかたは「相手に自分の考えを押しつけない」というコミュニケーションを発展させた考えかたです。

自分を主語にすればケンカが減る

ときには、相手に対して怒りや悲しみ、いらだちを感じることがあるでしょう。そこで、ケンカになるか、円満に解決するかは、あなたの言葉次第です。

相手に対して怒りや悲しみ、いらだちを感じたとき、私たちはつい、「あなたがそういうことをするから」「あなたのせいで」「あなたって、そういうところがあるわよね」などと、相手を主語にして責めてしまいがち。でも、これがケンカのもとになると思うのです。「あなたが」を主語にして話をすると、相手は責められているような、決めつけられているような気持ちになってしまうもの。そして、相手も同じようにあなたを主語にして怒りをぶつけてきます。

そういうときは、「私は残念な気持ちになったの」「私は悲しく思ったの」というふうに、まずは**自分を主語にして「感じた気持ち」を伝える**ことが大切です。そうすれば、相手も素直にあなたの気持ちを理解してくれるでしょう。

たとえば、「あなたが○○といったから」といっても、相手はあなたの受け取ったような意味でいったのではないかもしれません。それよりも、「私はあなたの言葉の意味をこういうふうに受け止めてしまったんだけれど……」と話せば、相手もあなたの気持ちを理解しやすくなります。

また、相手に改めてほしいところがあるときも、「あなたのここが嫌」ではなく、「こうしてくれたら私はうれしい」と、自分を主語にして伝えるのがポイントです。

コミュニケーションは、作用反作用です。よいことも、悪いことも、自分のしたことが自分に返ってくるものです。相手を責めれば、相手もこちらを責めてきますし、相手に素直に気持ちを伝えれば、相手も心を開いてくれるのです。

心をエクササイズしよう

職場などの人間関係で悩んでいる人は、とても多いと聞きます。

人間関係で怒りや悲しみが沸き起こる原因はなんでしょうか？

考えてみると、人間関係のトラブルは、そのほとんどが〝言葉〟によってもたらされるのではないでしょうか？

「同僚に意地悪なことをいわれた……」「先輩にきつく怒られてしまった……」など。

つまり、私たちの中で怒りや悲しみが沸き起こる原因は、「相手が何をいったか」というよりも、**「相手の言葉をどんなふうにとらえるか」**であるともいえます。

相手の何気ないひとことをマイナスにとらえてしまうと、その言葉は頭の中でまるで風船のようにどんどんふくらんでいきます。そして、「あの人は、きっと私のことが嫌いなんだろう」「私のことをダメな人間だと思っているんだろう」……という妄想の世界に入り込んでしまうのです。

それらは案外、早とちりや取り越し苦労だったりすることもあると私は思うのです。前の項目でもお伝えしましたが、あなたと相手は違う感性をもった人間です。価値観や思考回路も違います。だからこそ、「相手はこう思っているに違いない」と考えたとしても、それは自分だけが思っていることで、相手はそう思っていないこともあるのです。

人間関係のトラブルは、どちらが正しい、どちらが悪いとはっきり善悪をつけられないことが多いもの。実際に、どちらかが100パーセント正しいということもなければ、どちらかが100パーセント悪いということでもないと思うのです。妄想によって勝手な思い込みをして、心の中で悪意をふくらませ、増幅させてしまうことのほうが、はるかに恐ろしいことだと思います。

相手のひとことで悩み、苦しんで立ち止まってしまうことに長い時間をかけていると心も体も荒《すさ》んできます。結果、つらくなるのは自分自身です。それよりも、自分も相手も幸せになれるようなコミュニケーションを心がけることを私はおすすめします。

自分も相手も幸せになれるコミュニケーションをするためには、日頃から「心のエクササイズ」をして、心に筋肉をつけ、ぶれない心を育てることが大切です。私がこれまで述べてきたことを、ひとつ、ふたつとできそうなものから取り入れて実践していただけると、少しずつ、あなたの「心の筋肉」は鍛えられていきます。

嫌いな人がいなくなる方法

人はひとりでは生きていけません。好むと好まざるとにかかわらず、私たちは長い人生の中で、さまざまな人とかかわりながら、日々生きています。

それならば、嫌いな人はひとりでも少ないほうがいいですよね。


嫌いな人をなくすためには、心の作業が必要です。

まずは、**その人のよいところを見つけること。**

やさしさ、まじめさ、聡明さといった長所のほかに、憎めないしぐさなどでもよいでしょう。たとえばいつもは厳しい人なのに、クスッと笑えるようなお茶目でかわいらしいエピソードがあるといったことでもよいと思います。

とにかく、最低3つくらい、その人のよいところを見つけてみましょう。

そして、その人にお会いするときは、**つねによいところを頭の片隅に置いて、意識するようにします。**そういう癖をつけることで、相手のことを好ましく思えるようになります。

そうすると、のちのち多少のトラブルがあったり、嫌なところが見えてしまったりしたときにも「でも、この人にはこんないいところがある。だからおつきあいを続けたいな」という気持ちになれます。そして、嫌だと思った気持ちを消化することもできるようになります。

好きも嫌いも、自分の感じかた次第です。「私はこの人が嫌い」「なんて嫌な人だろう」と決めつけて、心の中で嫌なところばかりをフォーカスすると、憎しみを増幅させてしまいます。そして、心の中で悪意を育てることになります。

悪意を胸にため込んでしまうと、言葉がきつくなったり、表情が険しくなったりしてしまいます。結果的には、**マイナスのエネルギーが、すべて自分に返ってきます。**

その人の嫌なところが見えてしまったときにも、心の中でよいところにフォーカスをあてるようにすると、怒りや憎しみの気持ちがスッと引いていきます。

あなたのまわりにいる人たちを思い浮かべてください。欠点がまったくない、完璧な人などいないはずです。

誰にでも、長所や短所があります。そしてあなたが好きだと感じるところと、苦手だと感じるところがあるはずです。どちらも100パーセント消すことはできないでしょう。ならば少しでもよいところ、好きな部分を見つけて、プラス要素のパーセンテージを上げていきましょう。長所も短所も、「人を成長させる特徴」なのだと私は考えています。

また、コミュニケーションは作用反作用です。お互いの働きかけによって、お互いに影響をおよぼしあうと私は思うのです。

相手にやわらかく接していれば、相手も同じようにおだやかに接してくれるでしょう。トゲのある話しかたをすれば、相手も攻撃的になるはずです。

嫌いな人が多いということは、残念なことに自分自身も好かれにくい状況をつくってしまっていることに等しいと私は感じています。

たとえ多くの人が苦手だと思っている人であっても、自分まで苦手に思うことはありません。その人のよいところを見つけて、うまくコミュニケーションがとれたらどうでしょう。その人は誰よりもあなたの強い味方になってくれると私は思います。

自分の人生をよりよいものにするためには、人を好きになることがとても大切です。嫌いな人が増えるより、好きな人が増えるほうがはるかに幸せな気持ちで毎日を過ごせると私は思っています。

美言葉Lesson5

短縮言葉編

最近は、言葉を短縮してしまう風潮がありますが、できるだけ省略せず、正しい名称を意識することで、言葉をていねいに扱えるようになります。

携帯	→携帯電話
スマホ	→スマートフォン
メアド	→メールアドレス
メル友	→メール友だち
コンビニ	→コンビニエンスストア
スーパー	→スーパーマーケット
ファミレス	→ファミリーレストラン
シャーペン	→シャープペンシル
バイト	→アルバイト
デジカメ	→デジタルカメラ
フリマ	→フリーマーケット
アスパラ	→アスパラガス
トリセツ	→取扱説明書
ミニスカ	→ミニスカート
就活	→就職活動
下北	→下北沢
デパ地下	→デパートの地下（の食料品売り場）
クリパ	→クリスマスパーティ
メリクリ	→メリークリスマス
あけおめ	→あけましておめでとうございます

あとがき

身を美しくすることで成長できる

最後までお読みいただき、ありがとうございます。本書が少しでもみなさんの生活のお役に立てれば、私はとてもうれしく思います。

私には、とても好きな文字があります。

それは、**「躾《しつけ》」**という文字。

躾という字は、「身を美しく」と書きます。

私たちは、生まれたときは何も知りませんが、成長の過程でさまざまなルールや礼儀を身につけながら、大人になります。

躾という言葉には、子どもに対する厳しい教育といった、窮屈なイメージも一般的にはあるように感じます。

でも、私がとらえる「躾」は、大人になった私たちが**「美しい振る舞いや、美しい話しかたをするために、日々さまざまなことを学んで自分の心身を美しく整えるためにある、**

とても素敵な言葉」です。人間としての礼儀作法やマナーを覚え、成長していくことは、ある意味、「身を美しく」することでもあるのです。

よりよい人間性というものは、美しい振る舞いや、美しい言葉によってつくられるものだと、私は信じています。

どこの家に生まれたとか、お金持ちかどうかなどは関係ありません。つねに身を美しく、自分を躾けることによって、人間は日々成長していくのです。

人生を切り開くためには、**与えられるだけでなく、自分自身がより素敵に変わろうと思えるかどうか、そして実際に行動できるかどうかが大切**だと思います。

たとえば私のレッスンは、隔週など、ある程度の間を空けておこなっています。それには私なりの理由があります。

毎週レッスンをすると、レッスンに頼ってしまって自分自身の生活に落とし込む時間がとりにくいと考えたからです。私はレッスンで自分を変えるきっかけをさまざまな言葉を使って提案します。でも、きっかけをつかんだら、生徒さん自身の力で、自分を躾けていく力をつけてほしいと願っています。それが揺るぎない自分への自信を深めると私は考えているからです。

身を美しくするために、言葉も美しく……。

そんなふうに、少しずつでも、自分自身を慈しみながら、躾けてあげてください。

本書によって、あなたの人生がより幸せで、豊かなものになるお手伝いができたなら、これほどのよろこびはありません。このたびも本書の刊行にあたり、ＷＡＶＥ出版の編集部の方々をはじめ多くの皆様にご尽力を賜りましたことを、末筆ではありますが心より御礼を申し上げます。

本書を手にとって読んでくださった皆様とのご縁にも、心から感謝をいたします。

マダム由美子

エレガンシスト・中世西洋文化研究家
恵泉女学園卒業。6才からクラシックバレエを始め舞踏歴30年。'89横浜博覧会のコンパニオンとして、ナレーター業務を担当。現在は「中世西洋の古き良き時代の智恵を今に！」をモットーに外見、内面、ライフスタイルの幅広い分野で、バレエや香水、ファッションなどの中世西洋文化・芸術から受け継がれる智恵を独自の視点で取り入れた実践的提案を行う。バレエの動きを取り入れた美しい立ち居振る舞い習得を核とする独自のフィニッシングメソッド「プリマ・エレガンスサロン」では20～70代の女性を指導。延べ2000人以上が受講し、例外なく美しい変化を得ると喜ばれている。
主な著書に『1％の美しい人がしているたったこれだけのこと』（小社刊）、『ハイヒール・マジック』（講談社刊）、『「ローマの休日」DVDで学ぶオードリー・ヘップバーンの気品ある美しさ』（総合法令出版刊）などがある。

◆マダム由美子オフィス
〒150-6018
東京都渋谷区恵比寿4-20-3
恵比寿ガーデンプレイスタワー18F
E-mail:
office@madame-yumiko.com
公式サイト
http://www.madame-yumiko.com/
※日本一歩き方が美しいマダム由美子の動画を見ることができます。

誰からも
大切にされる人の
美しい話し方
人生が輝く美言葉のルール

2014年4月20日第1版第1刷発行

著　者　マダム由美子
発行者　玉越直人
発行所　WAVE出版
〒102-0074
東京都千代田区九段南4-7-15
JPR市ヶ谷ビル3F
TEL　03-3261-3713
FAX　03-3261-3823
振替　00100-7-366376
E-mail:info@wave-publishers.co.jp
http://www.wave-publishers.co.jp

印刷・製本　萩原印刷

NDC914 215p 19cm ISBN 978-4-87290-681-3